첫출발의 노하우!

# 창업과 경영실무

| 금진호 김만석 김명희 공저 |

ENTREPRENEURSHIP AND MANAGEMENT PRACTICE

양 성 원

# 머리말

펜데믹(pandemic) 이후 세계는 급격하게 변화하고 있다. 사람들의 일상은 과거와는 전혀 다른 양상으로 변하였고 비대면(untact) 소통과 만남이 보편화 되었다. 많은 사람들이 SNS를 통한 소통과 교류는 물론, 기업들은 재택근무, 원격 플랫폼에서 업무를 처리하는 게 일반화되고 있으며, 심지어 대학교에서의 수업도 비대면 강의가 하나의 자연스러운 수업방식이 되었다.

시장의 소비 트렌드 역시 바뀌고 있다. 온라인 쇼핑이 일반화되고, 사람들의 소비행동은 더욱 합리적이고 많은 정보를 바탕으로 인터넷, 모바일 및 SNS 사용으로 다양한 채널들의 정보와 만나 더욱 똑똑해지고 있다. 간단한 구매의 경우도 온라인과 오프라인 시장을 비교하는 소비자들은 뉴 라이프 스타일(new life-style)에 따라 행동한다. 종합 모바일, IoT, 소셜 네트워크, 모바일 플랫폼 분야의 가속적인 발전으로 온라인과 오프라인의 경계를 허물고 스마트한 소비를 하며 다양성을 추구하고 있다.

사람들의 삶의 패턴은 과거와는 다른 뉴 노멀(new normal) 즉, 새롭게 나타난 기준이나 방식으로 행동하고 있는 바, 단순한 삶(minimal life)의 양식을 기반으로 건강과 웰빙에 대한 관심이 전보다 높아지고 있으며 운동과 여가생활이 강조되고, 1인 가구의 증가와 고령화 사회로의 변화는 소비패턴에도 크게 영향을 미치고 있다.

이러한 변화는 창업 트렌드에도 새로운 영향을 주고 있으며, 그동안 제조 및 서비스 업종에 주를 이루던 창업이 게임, 음악, 패션, 오락, 캐릭터, 만화 등 문화상품 외에 일반상품이나 서비스 콘텐츠를 개발하여 플랫폼 채널을 통해 판매하는 소위 콘텐츠 창업이 또 하나의 트렌드로 자리 잡고 있다. 한편 제4차 산업시대의 도래와 함께 Iot, 로봇, 인공지능, 드론, 보안기술, 3D프린팅, 빅 데이터(Big Data), 메타버스에 기반한 가상현실(VR) 증강현실(AR)은 새로운 창업의 원천이 되고 있다.

이에 따라 본 교재 집필 교수진은 최근 급속히 변화하는 시장의 흐름과 새로운 창업 트렌드를 반영하여 이번에 개정 증보판을 내놓게 되었다. 하루가 다르게 변하는 세상에서 시장 흐름을 놓치지 않고 창업을 꿈꾸거나 미래에 자기만의 독특한 경제적 독립을 구상하는 젊은 청년들을 응원하며 도움을 주고자 한다. 이 책의 출간을 흔쾌히 허락해 주신 양성원 강철원 사장님과 편집부 직원 여러분께 깊은 감사를 드린다.

미래를 꿈꾸는 청년들을 응원하는<br>교수진 일동

# 차 례

PART II 경영

# PART I

# 창업의 실제

최근 우리나라에서 다양한 형태의 창업이 새로운 모습으로 시장에 나타나고 있다. 고용불안, 경기침체, 실업률 증가, 평생직장에 대한 불안 및 급속한 고령화 사회 진입 등으로 젊은 청년층, 퇴직자, 여성 창업이 증가하는 가운데 소규모 창업이 활발하게 이루어지고 있다. 창업이 성공할 경우 경제적 수익 창출과 사업을 통해 정년 없이 안정적으로 일할 수 있다는 매력이 있으나, 많은 사람들이 철저한 창업준비 없이 사업을 시작한 후 실패하는 경험을 한다. 우리나라의 창업환경은 비교적 양호한 편이고 창업하기는 쉬우나 창업 성공률은 그리 높지 않은 것이 현실이다. 창업에 성공하기 위해서는 창업에 대한 철저한 준비, 좋은 아이템 선정, 자금조달 그리고 시장과 고객을 이해하고 대응할 수 있는 마케팅 능력과 창업환경에 대한 이해가 필요하다.

이를 위해 본 단원 제1장에서는 창업과 경영환경에 대해 살펴보고 제2장에서는 창업아이템 선정과 사업타당성 분석방법 제3장에서는 상권분석과 입지선정 방법에 대해 알아보고 제4장에서는 업종별 창업절차와 우리나라의 창업 지원제도에는 어떠한 것들이 있는지 살펴본다.

Chapter

# 01

# 창업과 경영환경

1. 창업의 의의와 필요성
2. 창업과 경영환경

Chapter 01

# 창업과 경영환경

최근 우리나라뿐만 아니라 전 세계적으로 다양한 형태의 창업이 보편화되어 있다. 창업이란 일반적으로 '새로운 사업을 개시(start-up)하는 것'을 의미하는데, 좀 더 구체적으로 표현하면 창업이란 사업능력을 갖춘 자가 사업아이디어를 포착하여 사업목표를 설정하고, 이에 필요한 자금, 인원, 설비 등 경영자원을 확보하여 제품이나 서비스를 생산하는 사업체를 설립하는 것이다.

창업은 새로운 사업에 대한 도전이라고 할 수 있다. 창업이 일반 기업경영과 다른 점은, 경영이란 이미 만들어진 사업체를 성공적으로 유지, 성장, 발전시켜 나가는 활동이라면, 창업은 새로운 사업에 대한 일정한 준비과정을 거쳐 사업체를 창설하는 데 그 초점이 맞추어져 있다고 할 수 있다. 최근 일본이나, 중국, 유럽 및 미국 등 세계 각국은 창업을 적극 장려하고 있는데 창업자를 위한 다양한 제도적 지원은 물론 세제 및 법적 뒷받침을 통해 창업에 성공한 사람이 존경받는 사회적인 풍토를 조성하는 데 힘쓰고 있다. 특히 중국은 대학졸업자의 40% 정도가 창업을 할 정도로 일반화되어 있고, 중앙정부 차원에서 창업을 적극 장려하고 정책적으로 뒷받침하고 있다.

# 1 창업의 의의와 필요성

## 1. 창업의 필요성

사람들이 창업을 하는 이유에는 여러 가지 목적이 있다. 최근 우리나라의 사회 경제적 환경이 선진국형으로 급격하게 변화함에 따라 산업구조의 변화 및 일자리 부족 등으로 창업이 보편화되고 있는데, 사람들이 창업을 하고자 하는 이유는 우선, "일자리 부족에 따른 고용불안정"을 가장 큰 원인으로 꼽을 수 있다. 일자리 자체가 부족한 면도 있으나 고용의 질, 즉 비정규직 비중이 점차 확대됨에 따라 평생 직장으로의 확보가 보장되지 않는다는 것이다. 최근 우리나라만 해도 전체 근로자 중 비정규직이 차지하는 비중이 50%에 육박하고 있어 이들은 항시 고용불안에 시달리고 있는데, 이에 대한 방안이 없는 실정이다.

두 번째는 "취업으로 평생직장으로의 미래가 보장되지 않는다"는 점이다. 우리나라의 경우 평균 직장 근속연수가 약 7년 정도인데 직장에 취직한다 하더라도 한창 일해야 하는 젊은 나이에 직장을 그만두어야 하는 현실은 결국 창업을 해야 하는 상황으로 갈 수밖에 없다는 것이다. 선진국처럼 직장을 그만둘 경우 곧바로 다른 직장을 구할 수 있는 고용의 탄력성이 높지 않기 때문에 제2의 인생을 준비하여야 하는 대안으로 창업을 한다는 것이다.

세 번째는 "직장에서의 자기 성장의 한계"이다. 대부분의 경우 직장에 취직해서 승진 등을 목표로 열심히 일하며 최선을 다하지만 위로 올라갈수록 자리는 한정되어 있고, 일에 대한 성취감 내지는 직장생활을 통한 자기실현의 기회가 크지 않은 경우에 자의 반 타의 반 창업을 선택할 수밖에 없는 현실에 부딪히게 되는 것이다.

네 번째는 "경제적 수단으로서의 소득창출"이다. 대부분의 경우 창업의 목적은 경제적 여유를 갖기 위한 수단으로 선택한다고 볼 수 있다. 과거와는 달리 평균수명이 늘어나 직장생활을 통해 경제적으로 안정적인 노후생활을 준비한 사람이 많지 않다는 점 그리고 창업을 통해 평소에 본인이 하고 싶은 일을 통해 자아실현의 기회를 갖는 동시에 제2의 인생을 뒷받침하는 경제적 수단으로 창업을 선택한다고 볼 수 있다.

## 2. 창업의 특성

### (1) 창조적이고 모험적인 특성

창업은 내가 가지고 있는 사업아이템, 자금, 경영능력, 기술 등 모든 자원을 동원하여 자기주도로 새로운 사업영역을 개척하는 일이기 때문에 창조적이고 모험적인 성격을 가지고 있다. 지금까지 경험해 보지 못한 새로운 일에 대한 시도는 강한 모험심과 기대감 그리고 성공에 대한 강력한 성취욕구를 갖게 한다.

### (2) 높은 위험(high risk)의 수반

창업은 새로운 사업에 대한 자본과 인적 및 물적 자원의 투입을 전제로 하고 있어 많은 위험이 따르는 특성을 지닌다. 빈틈없이 완벽한 창업준비를 했다고 하더라도 예상하지 못했던 많은 일들이 발생하기 마련이다. 창업을 시도하는 사람이라면 누구나 100% 성공을 확신하고 자신 있게 시작하지만 사업을 수행하면서 당초에 계획했던 목표를 달성하기란 쉽지 않은 것이다. 여러 가지 변화와 상황에 적절하게 대응하지 못하거나 시행착오를 겪는 경우 창업은 당초 기대했던 결과를 얻지 못할 가능성이 크다.

### (3) 불확실성(uncertainty)하의 의사결정

창업에 있어서 가장 어려운 점은 끊임없이 변화하는 경영환경 속에서 미래를 정확히 예측하고 신속히 판단하여 적절한 의사결정을 하여야 하는데, 그것이 쉽지 않은 이유는 바로 불확실성 때문이다. 사실 어떤 업종의 창업이든 가장 어려운 점은 창업자가 성공을 위해 최선을 다해 노력한다 하더라도 그 사업의 결과는 쉽게 장담할 수 없는 불확실성에 놓인다는 점이다.

### (4) 새로운 도전과 기회의 제공

창업은 새로운 도전과 기회가 매력이라 할 수 있다. 새로운 사업의 도전은 비록 여러 가지 불확실성은 존재하나 좋은 사업아이템을 통해 성공할 경우 자아성취, 인정과 명예, 일 그 자체에 대한 만족 및 보다 많은 수입으로 윤택한 삶을 추구할 수 있는 기회를 제공해 주기 때문에 많은 사람들이 창업에 뛰어들고 있다. 최근 창업의 특징은 평생직장에 대한 보장 가능성이 점차 낮아져 창업연령이 낮아지고, 소자본 창업과 1인 창업이 증가하는 등 과거와는 다른 형태로 변하고 있다.

## 3. 창업의 3요소

### (1) 창업아이템

창업을 하는 데 가장 중요한 요소는 어떤 아이디어를 가지고 창업아이템을 선정하는 것인가 하는 점이다. 즉, 어떤 제품(또는 서비스)을 만들어 제공할 것인가 하는 점인데, 성공할 수 있는 좋은 아이템이란 무엇인가? 자칫 사업아이템이라 함은 상당한 기술과 노하우가 요구되는 것이라 생각하기 쉬우나 실제로 그보다 중요한 것은 시장트렌드와 고객의 니즈에 맞춘 아이템이어야 한다는 점이다. 아이디어와 기술만 믿고 쉽게 창업했다가 실패하는 경우가 상당히 많다. 좋은 아이템이란 기술, 고객의 니즈, 서비스, 마케팅 등을 결합시켜 시장에서 좋은 반응을 얻을 때 성공할 수 있는 것이다. 따라서 초보 사업가는 시장에서 이미 검증된 고유업종을, 예비 사업가는 신규업종을 택하는 것이 좋다. 창업 아이템은 대부분 도입기, 성장기, 성숙기, 쇠퇴기의 상품 라이프 사이클을 거치게 되지만 나오자마자 쇠퇴기로 가는 업종도 있으므로 아이템 선정에 신중하여야 한다.

### (2) 창업자금

자본은 창업에 필요한 인력, 사업장 확보, 설비, 재료 부품 원료 및 제반 경비 및 경영에 필요한 자원을 확보하는 데 소요되는 자금을 충당하기 위해 사용된다. 자본은 창업자가 전액 부담하는 경우와 타인 자본을 차입하는 경우, 그리고 투자자금을 유치하여 충당할 수도 있는데, 차입의 경우 정부기관, 지자체 등에서 제공하는 정책자금 또는 금융기관 등을 통해 조달할 수 있다. 창업자금은 사전개업 준비자금, 고정자본, 운전자금 등으로 구분하여 예산을 집행해야 사업운영에 무리가 없으며, 총 자금의 20% 정도는 예비비로 보유하고 있어야 한다. 타인의 돈을 빌려 사업을 하게 되는 경우, 총비용 중 30%를 초과하지 않는 것이 좋다. 최소한 점포비용은 자기 자본으로 충당하여 이자부담을 줄여야 사업이 궤도에 오를 때까지 안정적으로 운영할 수 있다.

### (3) 창업자

창업자는 사업의 주체자로서 사업을 성공시키기 위해 사업아이템 확보, 사업계획서를 만들고 사업타당성 분석 등을 통해 사업을 성공시키기 위해 책임감을 가지고 수행하는 자이다. 사업의 성공 여부는 창업자의 가치관, 수행능력, 기업가 정신이 어떠하느냐에 따라 결정된다. 창업자는 사업수행 시 발생하는 위험 요소를 극복하고 환경변화에 대응할 수 있는 남다른 통찰력과 기업가 정신이 필요하다. 창업자는 자신의 성향과 능력에 맞는 아이템을 선정하는 것이 중요하다. 예를 들어, 의류점이나 보석가게 등은 이미지가 큰 비중을 차지하는데 비해, 컴퓨터 기술을 요하는 업종은 창업주가 컴퓨터를 잘 다룰 수 있어야 인건비 등 비용을 절약할 수 있다.

## 4. 창업의 성공요건

성공적인 창업을 위해서는 창업자가 갖추어야 할 요건이 있다. 창업자는 명확한 목표를 설정하고 끊임없이 사업 아이디어를 개발하여 사업기회로 연결시키는 동시에 시장에서 경쟁력을 확보할 수 있도록 노력해야 한다. 또한 창업과정에서 예상치 못한 일들이 많이 발생하므로 시행착오를 최소화할 수 있도록 사전에 철저한 준비가 필요하다.

### (1) 명확한 목표

창업자는 창업을 통해 이루고자 하는 꿈은 무엇인가? 사업이 성공하면 나에게 어떤 가치가 있는가를 생각하여야 한다. 그래야 창업자가 지향하는 방향과 목표가 설정될 수 있고, 설정된 목표에 도달하기 위해 자신의 모든 역량을 집중하여 강력하게 추진할 수 있기 때문이다.

### (2) 철저한 준비

창업은 아이템 선정, 사업형태 구상, 자금원의 확보와 운용계획, 사업타당성 분석, 시장조사 등 사전에 준비해야 할 일들이 많다. 창업준비를 철저하게 하였다고 해서 반드시 성공이 보장되는 것은 아니지만, 시행착오를 최소화하기 위해서는 창업절차에 의거 치밀하게 준비하여야 한다. 이는 창업준비가 어느 정도 되었는가에 따라 성공 정도가 달라지기 때문이다. 아무리 유망업종이라도 무작정 따라 하거나 창업준비가 부족하면 실패할 확률이 높다.

### (3) 적합한 업종선택

창업자는 자신의 적성과 성향에 맞는 업종을 선정하여야 한다. 자기가 좋아하는 업종을 선택해야 열정을 다해 일할 수 있고, 일하는 과정에서도 흥미와 보람을 느낄 수 있기 때문에 결과에 대한 만족도도 높고 성공할 가능성도 크다. 아무리 유망한 업종이라도 본인에게 맞지 않는다면 성공하기 쉽지 않다. 소위 블루오션(blue ocean)의 아이템이 있다 하더라도 본인의 적성과 성향에 부합하지 않다면 더 신중하게 생각해 보고 결정하여야 한다.

### (4) 과감한 결단력

성공적인 창업자들은 일단 자기에게 사업기회가 주어졌을 때 과감하고 신속한 의사결정을 내릴 수 있는 결단력이 강한 것이 특징이다. 창업자는 사업목표가 정해지고 의사결정을 하고 나면 신속하게 행동으로 옮기는 결단력이 있어야 하며, 정해진 목표에 신속하게 도달하기 위해 자신의 모든 역량을 집중하는 강한 추진력과 열정이 있어야 한다.

### (5) 변화대응 능력

창업자는 새로운 변화에 신속하게 대처할 수 있는 능력을 갖추고 있어야 한다. 성공적인 창업자들은 사업기회를 포착하고 그것을 현실화하는 능력 이외에 시시각각 변화하는 환경과 시장트렌드 및 고객 니즈를 정확하게 파악하여 대처하는 능력이 있어야 한다. 또한 새롭고 독특한 사업아이디어나 경영방식을 끊임없이 개발하고 수정해 나가는 한편, 예상치 못한 문제 발생 시 상황을 신속하게 파악하고 대안을 마련하여 해결할 수 있어야 한다.

한편, 창업자는 어느 업종의 사업을 하든지 경쟁자와는 차별화된 전략이 있어야 한다. 아무리 좋은 아이템을 가지고 사업을 한다 하더라도 차별화된 특성이 없다면 성공할 수 없다. 이러한 차별화는 상품의 차별화, 서비스의 차별화, 마케팅의 차별화 중 어떤 것이든지 나만의 새롭고 독특한 차별화에 집중하여야 한다.

## 2 창업과 경영환경

성공적인 창업을 위해서는 경영환경을 이해하여야 한다. 창업목표 수립과 올바른 전략의 선택은 자신이 처한 상황을 정확하게 이해하는 데서부터 출발한다.

창업환경은 크게 외부환경과 내부환경으로 구분할 수 있으며, 외부환경은 창업활동에 직·간접적으로 영향을 주는 경제적 환경과 사회·문화적 환경, 시장환경 그리고 우리나라의 창업환경 등으로 살펴볼 수 있다. 내부환경은 그 사업체가 처한 고유의 환경으로 인적·물적 자원과 조직특성 그리고 핵심역량이라 할 수 있다.

## 1. 경제적 환경

경제적 환경이란 창업자에게 직간접적으로 사업에 영향을 주는 요인들로서 금리, 환율, 물가상승율, 소득증가율 그리고 원자재 가격 변동율 등을 들 수 있다. 금리는 창업자에게 가장 민감한 사항이라 할 수 있는데, 금리가 오를 경우 자금차입을 통해 사업을 하는 경우 곧바로 금융비용이 증가하여 연결되어 제품 원가 및 수익성에 영향을 미치기 때문이다. 환율변동 역시 업종에 따라 다르지만, 특히 글로벌 시장을 무대로 사업을 하는 경우 원자재 가격, 수출입 상품 원가에 영향을 주어 사업의 지속성과 수익성에 결정적인 영향을 미치므로 민감하게 파악하고 주시하여야 한다. 가처분소득 증가율은 제품 및 서비스에 대한 수요를 결정짓는 요인이라 볼 수 있다. 한편 물가상승율 역시 인건비와 제품가격에 곧바로 영향을 주기 때문에 중요한 경제적 요인이다.

〈표 1-1〉 창업에 영향을 주는 경제적 요인

| 경제적 요인 | 창업에 영향을 주는 내용 | 영향을 받는 업종 |
|---|---|---|
| 금리 변동 | 금융비용 | 차입의존도가 높은 사업자, 건설업종, 벤처기업 |
| 환율 변동 | 수입, 수출상품 원가, 원자재 가격 | 원료수입이나 수출비중이 높은 업종, 소비재수입업 |
| 물가 상승율 | 원재료가격, 인건비, 제품가격 | 서비스업, 소비재제품 기업, 제조업 |
| 원자재가격 변동 | 원자재수입가격, 원료비 | 철강업, 화학제품제조업, OEM방식제조업 |
| GDP(가처분소득) | 제품 및 서비스에 대한 수요 | 여행업, 소비재산업, 기타 서비스업 |

## 2. 사회 · 문화적 환경

사회 · 문화적 환경이란 사회구성원의 사고, 가치관, 소비성향 등에 영향을 주는 문화적, 사회심리적 조건을 의미하는데, 사회 · 문화적 환경 요인은 고객구매 행동과 시장수요에 영향을 미친다. 소득수준과 교육수준이 높아짐에 따라 소비자의 욕구가 다양해지고 고급화되고 있다. 최근에는 인터넷, 모바일 및 SNS 사용의 급증으로 많은 정보를 접하는 소비자는 점점 똑똑해지고 소비패턴이 시시각각 바뀌며 진화하고 있다. 한편 사회 · 문화적 발전은 각종 소비자단체, 경제단체 및 환경단체 등과 같은 집단의 역할과 영향력이 증대되어 기업에 압력요소로 작용하고 있다. 지역 간 인구이동과 노령화, 나홀로 세대증가, 이혼율 및 출생률 감소 등 인구통계적 환경변화는 새로운 수요를 형성하거나 감소시켜 창업업종에 따라 기회와 위협요인이 되기도 하는데, 특히 우리나라의 경우 일본과 마찬가지로 급격한 노령화인구 증가는 노년층을 겨냥한 각종 실버산업이 점차 번창할 것으로 예상된다. 또 나홀로 세대의 증가는 1인용 생활에 필요한 각종 용품수요와 서비스업종의 수요증가가 예상되며, 또한 출산인구 감소는 소득증가와 더불어 유아용품의 고급화 패션화로 변화하는 양상으로 나타나고 있다.

우리나라의 경우 일본의 패턴과 유사하기 때문에 이러한 인구통계적, 사회 · 문화적 환경변화는 다른 요인에 비해서 비교적 예측이 가능하다고 볼 수 있다.

## 3. 시장 트렌드(Trend)

성공적인 창업을 위해서는 시장의 흐름과 소비자의 소비패턴을 잘 읽고 성장가능성이 있는 업종을 선택해야 하는데, 특히 창업을 준비하는 예비 창업가들은 기존시장과 새로운 잠재시장의 틈새와 환경변화의 흐름을 잘 파악하여야 한다.

최근 한 연구기관에서 향후 10년간 우리나라에 대한 경제전망을 바탕으로 창업 시장의 흐름과 소비자 트렌드를 예측했는데, 각각의 키워드는 다음과 같다.[1)]

### (1) 스마트한 소비패턴

요즘 소비자들은 구매행동에 있어 더욱 합리적이고 많은 정보를 바탕으로 인터넷, 모바일 및 SNS 사용으로 다양한 채널들의 정보와 만나 더욱 똑똑해지고 있다. 충동적인 구매의 경우도 온라인과 오프라인 시장을 비교하는 요즘 소비자들은 뉴라이프 스타일(종합 모바일, IoT, 소셜 네트워크, 모바일 플랫폼, 정보통신, 오픈마켓, 홈쇼핑) 분야의 가속적인 발전으로 온라인과 오프라인의 경계를 허물고 스마트한 소비를 위해 다양성을 추구하고 있다.

### (2) 1인 가구(Home Alone) 세대의 증가

통계청에 따르면 전체 가구의 26.5%가 1인 가구인데 2035년에는 국내 1인 가구가 763만 가구로 전체 가구수의 34.4%에 이를 것이라고 전망한다. 세 가구 중 하나는 1인 가구가 되는 셈이다. 이러한 1인 가구의 증가로 인해 '소셜 다이닝'이 확대될 것으로 전망되는데, 2020년 1월에 출범한 소셜 다이닝 집밥은 같은 해 11월 기준 누적 방문자 수 4,100만 명을 돌파했다. 그동안 개설된 모임 수만 2만 개가 넘는데 집안에서 간편하게 혼자 먹을 수 있는 가정 간편식(Home Meal Replace, HMR) 시장도 증가할 것으로 예측된다.

### (3) 메스티지(Masstige) 소비의 증가

Masstige란 Mass(대중)와 Prestige(특권)가 결합된 신조어로 고급상품이지만

1) 창업시장전망–창업에 성공하기 위한 트렌드 7가지 알아보기(한국창업경제연구원).

합리적인 가격으로 가격 경쟁력을 갖춘 것을 뜻한다. 메스티지는 다양한 분야에서 소비자들을 유혹하고 있는데, 식음료업계에서는 최근 먹방·쿡방의 인기로 먹거리에 기꺼이 투자하는 소비자들이 증가하자 대중적으로 즐길 수 있는 프리미엄급 제품을 출시하여 소비자들을 모으고 있다. 이러한 명품의 감성과 대중적인 가격의 만남은 소비자들의 자기표현 욕구를 충족시킴으로써 메스티지 소비층이 형성되고 그 수는 더욱 증가할 것으로 예상된다.

### (4) 신중년세대의 소비주체로의 변화

경제력뿐만 아니라 사회적 지위까지 갖춘 40~50대의 중년 남성의 소비가 늘어나고 있다. 이들의 소비 유형은 뚜렷하며 품위 있는 삶을 유지하기 위해 온라인과 백화점 등 여러 방법을 통해 쇼핑을 즐기며 자식들의 교육과 자신의 건강을 위해 소비를 아끼지 않는 경향이 있다. 자신만의 인생을 준비하는 60대 이상의 시니어 중년 남성들은 자신의 남은 삶을 위해 원하는 물건이나 여행 그리고 건강을 위해 여유롭게 투자를 하는 모습을 보인다.

### (5) 가치추구 마케팅(Cause Marketing)

가치추구 마케팅이란 기업이 환경, 보건, 빈곤 등과 같은 사회적인 이슈(cause)를 기업의 이익 추구를 위해 활용하는 것을 말한다. 기업은 이 마케팅을 통해 경제적 가치와 공익적인 가치를 동시에 추구할 수 있게 되는데, 소비자들은 기업의 제품뿐만 아니라 사회에 공헌하는 '가치'도 함께 구매하는 것으로 소비자들의 소비를 이끌어 내고 있다. 이는 기업의 매출뿐만 아니라 이미지도 함께 높아지므로 기업과 사회 양자가 '윈윈(win-win)'할 수 있는 전략이다.

### (6) 즉시(On Demand) 서비스 시대

O2O(online to online)와 간편결제 간 시너지 효과로 인해 국내 온 디맨드(on demand) 시장은 빠르게 확장되고 있다. 원하는 것을 즉시 서비스받는 온 디맨드는 '카카오택시', '배달통', '요기요'와 같이 생활 밀접한 부분에서 좋은 성과를 내고 있으며, 소비자들의 소비형태도 변화하게 만들고 있다. 다양하고 많은 정보들을 쉽고 빠르게 얻을 수 있게 된 소비자들은 사치의 소비에서 가치의 소비에 중심을 두는 방향으로 이동하고 있는 것이다.

### (7) 양극화 시대 심화

갈수록 심해지는 부의 양극화 사회 속에서 저소득층 창업자들은 전통적인 방식의 금융지원보다 다른 형태로의 자금을 마련하고자 하는 경향이 뚜렷한데 최근 사회적으로 관심도가 높아지고 크게 반향을 일으키고 있는 '크라우드펀딩'이 좋은 예가 될 것으로 전망된다. 크라우드펀딩은 기존의 금융채널로는 자금을 공급받지 못했던 사람들이 완전히 새로운 경로를 통해 참신한 아이디어를 사업화할 수 있도록 지원하는 소셜 플랫폼이다.

## 4. 우리나라의 창업환경

세계은행(WB)이 발표한 '2016~2020년 기업환경평가(Doing Business)'에 따르면 우리나라의 창업환경은 비교적 양호한 편인데, 전 세계 190여 개 국가 가운데 기업환경평가 종합순위 평균 5위, 창업환경은 13위로 평가되었다.

세계은행의 기업환경평가는 국가별로 기업 생애주기에 따라 창업에서 퇴출에 이르는 10개 분야를 조사해서 비교 평가하는데, 창업 환경평가요소는, ① 창업에 소요되는 시간, ② 창업에 소요되는 비용, ③ 창업에 필요한 행정절차, ④ 창업에 필요한 최소자본 등 4가지로 각국의 창업환경을 평가하여 기업을 만들고 정리하는 과정에서 관련 제도가 얼마나 기업 친화적인지를 보는 것이다.

한편, 2021년도 기획경제부에서 조사된 우리나라 창업기업의 5년차 생존율은 29.2%로 나타났다. 이는 창업 후 5년이 지나면 3분의 2 이상의 기업이 문을 닫는다는 의미인데, OECD 주요국 창업기업 5년 생존율 41.7%에 비하면 상당히 낮은 수준이다. 특히 진입장벽이 낮으면서도 생계형 창업인 문화 · 스포츠 · 여가업, 숙박 · 요식업 등의 생존율은 OECD 평균을 크게 밑도는 것으로 나타났다.

이 보고서는 우리나라의 창업생태계의 문제점으로, 1) 과도한 창업 규제 환경, 2) 모험자본 역할 미흡, 3) 초기자금 부족, 4) 회수시장 경직 등을 꼽았다. 이를 해결하고 역동적인 창업 생태계를 조성하기 위해서는 '법 · 제도 혁신, 창업 인프라 확충, 민간자본 참여 활성화 제도 개선, 창업 실패 후 재도전 지원 강화' 등이 필요하다고 제언했다.

창업실패의 이유는 다양하지만, 최근 우리나라 소비침체와 세계 경제불황과 치열한 경쟁의 영향에 따라 창업이 그만큼 쉽지 않은 것이 현실이다. 이처럼 창업환경은 양호한데 창업실패율이 높다는 것은 아이러니하다. 이는 정부에서 창업을 활성화시키고자 하는 의지는 높아지고 있으나, 이를 뒷받침하는 창업자의 의지와 역량부족 및 이를 보완하는 창업 서비스교육 미흡이 혁신적인 창업기회 발굴을 저해하고 있다고 할 수 있다. 실제로 한 조사에 따르면 국내의 경우 청년창업에 대한 사회적인 저항감으로 인해 실질적 창업의지는 높지 않은 것으로 나타났다.

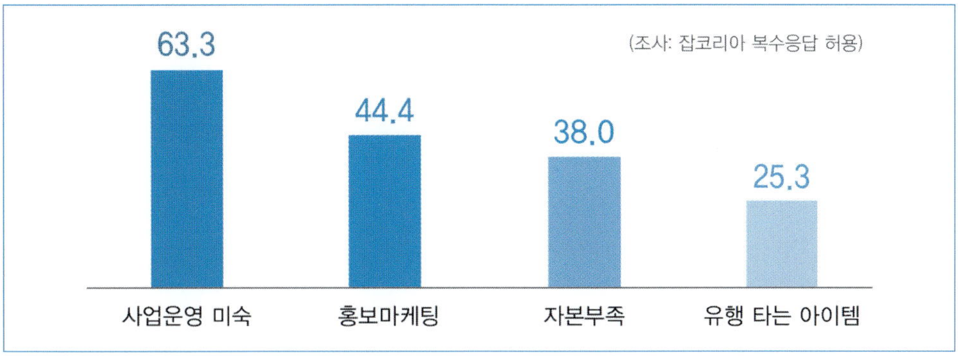


**[그림 1-1] 우리나라 초보 창업자들의 실패원인(잡코리아 2021년도)**

- '창업을 어떻게 생각하는가?'에 대한 조사에서

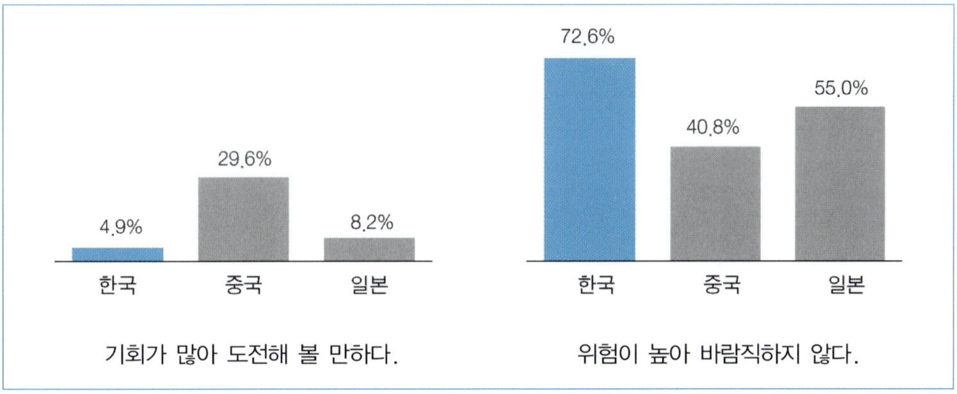


**[그림 1-2] 한국, 중국, 일본 성인 3,000명에 대한 창업설문조사**

한편, 다른 한 조사에 의하면 3년 이내 창업할 의사가 있는 인구의 비율은 전체 13%이며, 본인이 창업역량과 지식을 갖추었는지에 대한 비율은 27%로 OECD 국가 중 최하위로 나타났다.

이는 사업기회를 포착하는 역량부족 혹은 창업과 관련된 정보(기술, 금융, 생산) 등이 활발히 유통되고 있지 않을 가능성과 창업기관에서 보다 실질적인 창업교육의 노하우 및 정보전달 측면에서 상당히 미흡하다는 것을 의미한다. 따라서 창의적 아이디어를 가진 사람들이 적극적으로 창업에 나설 수 있도록 제도적 지원이 뒷받침되어야 하며, 우리나라 창업기업들의 생존율을 높일 수 있는 제도개선이 필요하다. 미국의 경우 시장조사 기관인 'CB 인사이트'사에서 발표한 2015년도 미국의 135개 창업회사 실패원인 분석 자료에 따르면 시사하는 바가 크다.

**〈표 1-2〉 미국 창업회사의 실패원인 통계자료**

| 구분 | 자금 부족 | 제품의 질 빈약 | 마케팅 부족 | 수익예측 실패 | 창업 타이밍 | 기타 | 합계 |
|---|---|---|---|---|---|---|---|
| 비율 | 25% | 18% | 17% | 14% | 13% | 13% | 100% |

## 5. 내부환경

기업의 외부환경에 대한 분석 외에 창업기업의 내부환경을 살펴보아야 하는데, 기업 내부의 강점과 약점을 분석해서 자신의 능력과 한계를 정확하게 파악하여야 한다.

내부환경이란 창업기업이 보유하고 있는 핵심역량, 조직, 인적구조 노하우, 기술과 관련된 사항들이다. 창업기업의 내부여건에 관한 철저한 분석이 있다면 외부 환경에서 주어지는 기회를 살릴 수 있는 기업의 강점이 무엇인지, 다가오는 위험을 모면하기 위해서는 어떠한 약점을 보완해야 하는지를 쉽게 파악할 수 있을 것이다. 내부여건에 대한 파악은 자신의 강점과 약점의 인지로부터 경쟁자의 경쟁력을 차별화하는 주요점이다.

어느 회사나 나름대로의 핵심역량을 보유하고 있는데, 과거에는 회사만이 가지고 있는 특이한 기술, 특허, 시설, 자원 등 가시적인 요소뿐만 아니라 최근에는 경험, 정보, 기술개발 능력, 네트워킹 및 디자인 능력 등 눈에 보이지 않는 요소들을 포함한다. 또한 회사가 추구하는 사업에 기여하는 주체로서 인적자원 역량과 조직을 들 수 있는데, 여기에는 창업자의 경험, 지식, 인성뿐만 아니라 창업기업의 비전, 사명, 가치관 그리고 혁신적인 조직문화, 창의성, 마케팅지향적 사고 등을 포함한다. 최근에는 기술 관련 사업이나 벤처창업의 경우 CEO나 회사의 핵심인적 역량을 보고 투자하는 경우가 많은데, 이러한 점들이 중요한 내부환경 요인이라 할 수 있다.

## 6. 경영환경과 SWOT 분석

창업에서 시장과 경영환경에 대한 분석을 함으로써 어떠한 방향으로 사업을 전개해야 하는지를 파악할 수 있다. 창업을 하기 위한 경영환경 분석을 통해 파악된 자료를 가지고 기업의 강점과 약점, 기회와 위협요인을 파악하는 과정을 거치게 되는데 그것이 바로 SWOT분석이다.

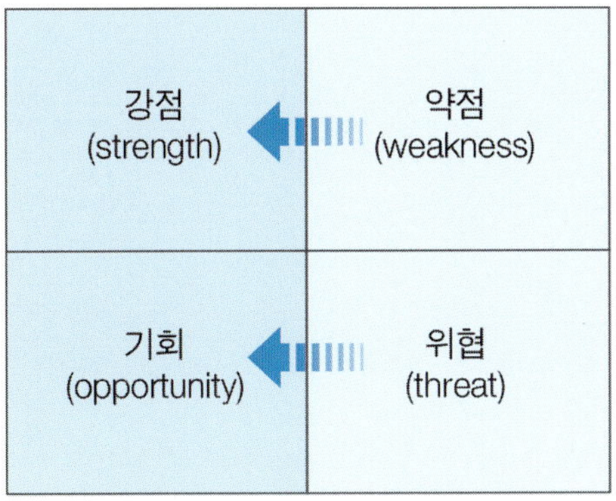


[그림 1-3] SWOT분석의 틀

SWOT(strength, weakness, opportunity, threat) 분석은 기업 내부의 강점과 약점, 외부의 환경이 기업에 영향을 미칠 수 있는 기회와 위협요인을 찾아내어 경영전략을 수립하는 기법이다. 이 SWOT 분석을 통해 기업은 외부환경인 기회와 위협을 파악한 후 기회는 활용하고 위협은 회피하려는 전략을 수립하고 기업 내부의 강점과 약점을 파악하여 강점은 강화시키고 약점은 극복하는 전략을 수립하면 된다.

# Chapter 02

# 창업아이템 선정과 사업타당성 분석

1. 창업아이템 선정
2. 사업타당성 분석

Chapter 02

# 창업아이템 선정과 사업타당성 분석

창업에 있어서 가장 중요한 것은 무엇인가? 창업의 근간을 이루는 가장 핵심적인 요소는 바로 사업아이템을 선정하는 일인데, 창업아이템 선정은 창업자금 조달과 함께 사업의 성공 여부를 결정짓는 가장 중요한 요소이다.

창업아이템은 사업아이디어를 통해 창업의 목적달성을 위한 수단으로서 최종 산출물인 상품 혹은 서비스를 의미한다. 창업아이템은 성장 가능성이 있어야 하며 현재뿐만 아니라 사업을 하는 동안 지속적으로 시장에서 그 가치를 인정받아야 한다. 이를 위해서 창업아이템은 고객의 니즈(needs)를 반영하면서 경쟁자와는 다른 차별화된 요소를 가지고 있어야 성공을 기대할 수 있다.

그렇다면 창업 시 유망한 아이템은 어떤 것인가? 수익성이 높고, 지속적인 성장이 가능하며, 안정적인 매출이 보장되고 자금회전율이 높은 업종이라면 가장 이상적일 것이다. 그러나 완벽한 아이템은 이 세상에 존재하지 않는다. 시장에서 모든 업종의 사업아이템은 도입기부터 성장기, 성숙기, 쇠퇴기의 라이프 사이클을 거치게 되어 있으므로 유망한 아이템은 성공이 보장되는 것보다는 시장에서 가능한 한 비수기보다는 성수기가 길고 경기에 덜 민감하며 수익이 지속적으로 유지되는 업종으로 이해하면 될 것이다. 이러한 아이템을 선정하기 위해서는 새로운 아이디어, 기술 및 비용과 시간 투자를 고려하여 신중히 검토하여야 한다.

본 장에서는 창업아이템 선정 및 사업타당성 분석에 대하여 살펴본다.

# 1 창업아이템 선정

## 1. 창업아이템 선정의 기본요건

창업아이템은 기본적으로 창업자의 적성과 능력, 상품과 서비스의 시장성, 수익성 및 경쟁력을 바탕으로 다음과 같은 점을 고려하여 선정하여야 한다.

① 자신의 적성과 경험 및 능력 대비 사업수행 적합성 여부

② 해당 아이템의 시장에서의 경쟁력, 성장성 정도

③ 해당 아이템의 매출액 및 적정 수익성 확보 여부

④ 해당 아이템의 경쟁자와 다른 차별성 존재 여부

⑤ 해당 아이템에 대한 잠재수요와 지속적 공급 가능 여부

⑥ 시장분석상 입지가 해당 아이템에 적합한 업종인지 여부

⑦ 조달자금 대비 수익 및 투자원금 회수 적정성 여부

⑧ 경쟁업체와의 분쟁 가능성 등 위험요인 존재 여부

〈표 2-1〉 창업아이템 선정 시 세부 고려사항

| 구 분 | 선정기준 |
|---|---|
| 적성, 능력의 적합성 | • 해당 업종이 창업자의 적성 및 성향에 맞는가?<br>• 해당 업종에 대한 경험, 지식 및 사업수행 능력은 있는가?<br>• 해당 업종의 창업자금 조달능력은 가능한가? |
| 시장성, 경쟁력 전망 | • 해당 지역에서의 시장분석상 입지가 해당 업종에 적합한가?<br>• 해당 아이템의 라이프 사이클이 도입기 또는 성장기 업종인가?<br>• 시장의 경쟁력은 우수하며 성장전망은 양호한가? |
| 수익성 양호 여부 | • 해당 업종에 대한 투자비용 대비 수익전망은 양호한가?<br>• 손익분기점은 얼마이며, 흑자실현은 언제 가능할 것인가?<br>• 인테리어공사 등 고정비가 권리금화에 유리한가? |
| 상품성 우수 여부 | • 고객입장에서 가격에 비해 유용한 상품인가?<br>• 고객에게 인기도와 타 경쟁업체 대비 차별성은 있는가?<br>• 상품조달 및 계속적인 공급은 용이한가? |
| 위험요소 존재여부 | • 해당 업종의 인 · 허가문제에서 미비한 점은 없는가?<br>• 경쟁업체 및 거래업체와의 분쟁 소지는 없는가?<br>• 위험요소 및 실패위험은 없는가? |

## 2. 창업아이템의 원천

좋은 아이템은 창업하고자 하는 자에게 사업기회를 포착하는 발판을 마련해 주는 원천인데 예비창업자는 많은 사람들과의 접촉, 전문가 상담, 관련분야 종사자, 창업박람회, 타 창업자 아이디어 벤치마킹, 인터넷 창업 관련 사이트 검색 등 다양한 정보를 활용하여 사업아이템을 찾을 수 있다. 창업아이템, 즉 사업아이디어는 어디에서 어떻게 찾아낼 수 있을까? 사업아이디어 원천은 다음과 같이 다양하다.

❶ **경험:** 새로운 사업아이디어를 찾는 가장 좋은 방법으로 본인이 경험한 작

업 현장에서 기존 상품의 개선, 서비스의 개량 등을 통해 아이디어를 얻는 경우

❷ **취미**: 평소 좋아하던 본인의 취미가 사업아이디어로 연결되는 경우

❸ **벤치마킹**: 타 창업자의 아이디어나 창업사이트 및 창업박람회 등을 통한 아이템을 얻는 경우

❹ **우연한 발견**: 창업자의 예리한 통찰력, 관찰력, 메모하는 습관이 기반이 되어 얻어지는 경우

❺ **적극적 제안**: 심사숙고하여 얻어 낸 아이디어를 바탕으로 시장수요에 따라 상품을 개발하는 경우

❻ **일상의 행위**: 일상생활에서 불편함을 유심히 관찰하며 개선하고자 하는 중에 창업을 위한 아이디어를 얻는 경우

❼ **권리취득**: 발명가들로부터 새로운 아이디어의 권리를 취득하거나 연구소 및 대학 연구기관 등을 통해 아이디어를 획득하여 상품화하는 경우

## 3. 창업자의 성향과 아이템 선정

창업에 있어서 자금이 풍부하고 유망한 아이템이라고 해서 반드시 성공을 보장할 수 있는 것은 아니다. 창업자는 자신의 적성과 성향에 맞는 업종을 선택하는 것이 매우 중요한데, 자신의 성격에 맞는 업종을 선택해야 열정과 흥미를 가지고 일할 수 있기 때문이다. 자신이 조달할 수 있는 자금 여력뿐만 아니라 자신의 경험, 경력 및 적성에 맞는 업종을 선택해야 그만큼 성공 가능성이 높고 사업의 지속성을 유지할 수 있다.

## (1) 외향형

- 외향적이고 사교성이 많으며 적극적이고 활동적인 성격
- 다른 사람과 어울리기를 선호하는 유형으로 다양한 업종에 적합함

  예) 홍보 및 광고업, 세일즈업, 창업이벤트업, 유통판매업, 여행업 등

## (2) 내향형

- 내향적이고 진지하며 차분한 성격의 소유자
- 본인이 별다른 영업활동 없이도 고객이 찾아오는 업종에 적합함

  예) 생활용품 전문점, 꽃가게, 컴퓨터 학원, 독서실, 경영컨설팅업 등

## (3) 아이디어형

- 아이디어가 많고 진취적이며 도전정신이 강한 성격의 소유자
- 지식기반과 벤처사업 등 모험성이 높은 미래지향적 업종에 적합함

  예) 발명사업가, 벤처사업가, 정보통신업, 창업컨설팅업 등

## (4) 원칙주의형

- 자존심이 강하고 원칙주의를 선호하는 성격의 소유자
- 전문성이 강한 기술직 종사자나 공급자 중심 사업에 적합함

  예) 전기수리업, 외식업, 금융서비스업, 통신판매업 등

## (5) 저돌적 추진형

- 강한 추진력이 있고 저돌적인 성격의 소유자

- 종업원 통제 및 관리가 능함, 고객접대 노하우가 필요한 사업에 적합함
  예) 오락 이벤트업, 대규모 기획가 등

### (6) 친화적 인내형

- 다소 사교적이고 인내심이 강하며 끈기가 있는 성격의 소유자
- 어떠한 상황에도 남을 배려하는 서비스 업종에 적합함
  예) 전문음식점, 배달서비스업, 택배업 등

## 4. 연령별 창업유형 선택

일반적으로 연령에 맞는 창업형태와 그 판단기준을 생각해 볼 수 있는데, 연령별 창업유형은 모험창업, 기반창업, 전문창업, 안전창업 등으로 나누어 볼 수 있다. 각 연령대별 창업역량과 약점 및 강점이 있을 수 있다. 예를 들어, 20대에 창업을 하는 경우 참신한 '아이디어와 패기'가 큰 강점일 수 있으나 '자금조달' 능력은 큰 약점으로 들 수 있다. 따라서 20대 연령층의 경우 자신의 아이디어를 현실화시킬 수 있는 자금확보 방안을 마련하거나 적은 비용으로 시작할 수 있는 아이템을 선정하는 것이 바람직하다. 일반적으로 50세가 넘어서 새로운 사업을 시작한다는 것은 현실적으로 상당한 제약이 따른다. 물론 50세 이후에 창업을 하더라도 사전에 장기적으로 계획하고 꾸준히 준비해 온 창업자라면 모르겠으나, 새로운 사업에 뛰어든다는 것은 그만큼 용기가 필요하고 위험부담이 큰 것이다.

〈표 2-2〉 연령별 창업유형과 판단기준

| 연 령 | 창업유형 | 판단기준 |
|---|---|---|
| 20~30세 | 모험창업 | • 본인의 전공과 직업에 관계없이 어떤 분야든 선택 가능<br>• 실패는 오히려 자산이 될 수 있으며 재기 가능성이 높기 때문에 모험창업의 정당성을 확보할 수 있음 |
| 31~35세 | 선택창업 | • 본인의 적성에 맞는 업종을 선택하여 창업하는 것이 바람직함<br>• 창업아이템 발굴 시 본인의 적성과 업무와 상관관계를 고려하여 선택해야 성공 가능성이 높음 |
| 36~40세 | 기반창업 | • 사회 생활에서 닦아 놓은 기반을 활용한 창업이 바람직함<br>• 어느 정도 불확실성이 배제된 아이템 선택이 중요하며 장기적인 안목으로 지속성 있는 사업추진에 집중하여야 함 |
| 41~50세 | 전문창업 | • 학력을 불문하고 본인의 업무분야에서는 최고의 전문가임을 활용하여 창업을 하는 것이 바람직함<br>• 해당 분야의 전문성과 경험이 주요 선택 요인임 |
| 51세 이후 | 안전창업 | • 사회경륜과 지식은 풍부하나 많은 지식과 경험이 오히려 의사결정을 하는 데 장애가 될 수 있음<br>• 리스크가 없는 안전한 창업아이템 선택이 중요 |

이러한 연령별 창업성공 기준은 절대적인 것은 아니지만 이러한 원칙을 지킬 때 사업실패와 시행착오를 최소화할 수 있고 나아가 창업의 성공 가능성을 높일 수 있다. 각 연령별 창업유형과 판단기준은 〈표 2-2〉와 같다.

## ▪ 창업아이템과 업종의 선택

창업아이템을 선정할 때 먼저 고려해야 할 사항은 업종을 선택하는 일이다. 어떤 특정한 상품이나 제품을 취급하는 제조업이냐, 유통업이냐 아니면 단순한 판매업만 영위하느냐, 그리고 각종 지식, 경험, 정보 등을 제공하는 서비스업을 운영할 것인가를 우선 결정하여야 하는데, 업종을 선택할 때는 다음과 같은 판단기준을 가지고 결정하는 것이 바람직하다.

첫째는 창업자의 경험과 적성 및 취향에 맞는 관심분야를 고려해야 한다. 제조업의 경우는 유통업에 비해서 풍부한 경험과 지식이 요구되는 분야이며, 서비스업은 창업자의 능력자체가 사업의 핵심요소가 되는 경우가 대부분이다. 따라서 제조업을 창업하고자 하는 경우는 가능한 한 유통업을 경영해 보거나, 최소한 제조업체에 근무한 경험이 있거나, 간접적으로 참여한 경우에 선택하여야 한다. 제조업체에서 생산, 판매, 관리 분야 중 적어도 2개 이상 분야에 경험을 쌓아서 창업한다면 그만큼 성공 가능성은 높다고 할 수 있다.

서비스업은 사무직 종사자나 또는 지식산업분야 종사자들에게 적합하며 도소매업이나 유통업은 제조업보다는 비교적 비전문가가 접근하기 쉬운 분야라 할 수 있다.

둘째는 창업자의 자금조달 능력을 고려하여야 한다. 제조업의 경우 일반적으로 도소매업과 유통업, 서비스업에 비해 상대적으로 많은 자금을 필요로 한다. 유통업이나 도소매업의 경우에도 취급상품이나 점포규모에 따라서 소요되는 사업자금 규모가 천차만별이다. 서비스업 경우에도 업종의 종류와 유형에 따라서 상당한 자금이 필요한 경우가 있는 반면, 유통업이나 도소매업에 비해 적은 자본으로도 창업할 수 있는 아이템이 상대적으로 많다고 할 수 있다. 따라서 창업자의 자기자본과 차입규모와 능력을 고려하여 업종을 선택하여야 한다.

셋째는 창업자에게 도움을 주는 각종 정부의 지원정책과 금융지원 등 수혜가능성을 살펴보아야 한다. 우리나라는 창업자에게 제공되는 창업자금 및 다양한 지원정책 인프라가 비교적 잘 발달되어 있는 편이다. 정부와 지방자치단체, 공공기관 그리고 창업투자회사, 창업투자조합, 소상공인 창업지원센터, 시중은행, 신용보증기금, 창업보육센터 등이 자금지원을 하고 있다. 특히 제조업의 경우는 제조업 지원특별법의 규정에 의해서 정부기관, 지자체 및 금융기관의 금융지원 제도가 다양하기 때문에 자기자본이 전혀 없는 예비창업자가 제조업을 창업하는 경우에는 창업아이템의 특성에 따라 활용할 수 있는 자금이 많다. 반면 도소매업, 유통업 및 서비스 업종은 주로 소상공인 창업지원 자금을, 우수아이디어를 보유한 청년층이 지식서비스업, 문화콘텐츠업 등의 창업인 경우 청년창업전용자금 등을 이용하면 효과적이다. 따라서 자금지원이 필요한 경우는 본인의 창업 아이템이 각종 정책자금의 지원대상에 해당되는가를 먼저 파악한 후 관련 기관에 찾아가 구체적인 지원요건 및 지원절차를 알아보는 것이 중요하다.

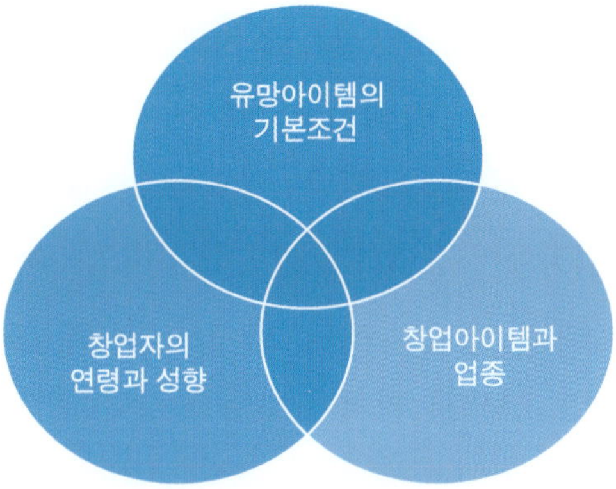


[그림 2-1] 창업아이템 선정의 3요소

# 2 사업타당성 분석

## 1. 사업타당성 분석의 의의

지금까지 우리나라 창업환경은 비교적 양호하나 창업 후 실패하는 사례가 비교적 많다는 것을 살펴보았는데, 창업실패 원인 중 가장 큰 요인은 '창업에 대한 준비부족'이다. 준비부족이란 말은 사전에 사업타당성 분석이 제대로 이루어지지 않았다는 의미이다. 창업자가 아이템을 선정하여 사업을 개시하기 전까지 해당 사업의 성공 가능성에 대하여 객관적이고도 냉철한 검증절차를 거쳐야 하는데, 이 과정이 바로 사업타당성 분석이다. 사업타당성 분석은 단순히 사업의 성공가능성 여부를 객관적으로 검토하는 목적 이외에 창업과정에서 반드시 확인해야 할 창업성공의 핵심포인트, 즉 해당 사업아이템이 창업자의 적성에 맞는지, 창업자는 해당 사업에 대한 경영능력은 있는지, 상품의 시장성은 충분하며 판매전망은 어느 정도인지, 경쟁상품과 비교하여 어떠한 장점을 가지고 있는지, 사업의 수익성은 충분하며 자금조달의 문제점은 없는지 등 사업수행상 제반 사항들을 검토하는 것이다. 대부분 창업자가 이러한 사업타당성 조사를 소홀히 하거나 본인 입장에서 유리하게 판단하고 사업을 시작하는 경우가 많은데, 이런 경우가 곧 실패의 요인이 된다. 따라서 아무리 규모가 작고 사업내용이 간단한 창업일지라도 반드시 거쳐야 하는 과정이다.

## 2. 사업타당성 분석의 필요성

사업타당성 분석은 사업을 추진하는 과정에서 나타날 수 있는 여러 가지 문제점과 위험요소를 사전에 점검하여 창업자가 해당 사업을 추진해도 좋을지 여부를 재확인하는 과정이다.

첫째는 창업자 자신의 주관적인 사업구상이 아닌 객관적이고 합리적인 사업타당성 분석을 통해 사업시작 전 위험요소를 확인하고 약점을 보완함으로써 창업을 실패로부터 지켜 줄 수 있는 좋은 방법이다.

둘째는 창업자가 독자적으로 점검해 볼 수 없는 세부항목들을 분석하고 평가함으로써 해당아이템에 대한 세부 요인들을 사전에 점검하여 창업자는 앞으로의 사업 전개방향과 강점, 약점, 위협요인, 기회요인을 분석함으로써 효율적인 경영을 수행할 수 있다.

셋째는 창업자가 구상한 사업아이템의 시장성, 예상되는 적정 수익성, 일정기간 지속 가능한 성장성 등을 분석하여 사업개시 전 미처 인지하지 못한 부분을 확인하여 시행착오를 줄임으로써 창업의 성공율을 높일 수 있다.

## 3. 사업타당성 분석의 절차와 평가요소

사업타당성 분석은 사업시행 전에 성공 가능성을 합리적으로 분석 평가하는 과정으로, 그 절차는 먼저 후보 사업아이템을 탐색하고 이 아이템들에 대한 예비사업성 분석을 통해 선별과정을 거친다. 이 작업을 통해 후보 아이템을 비교 평가하여 우선 순위를 결정하고 성공 가능성이 희박한 아이템들은 과감하게 버리고 가장 우수한 최적 아이템을 선정하는데, 사업타당성을 평가하는 요소는 창업자의 사업수행 능력, 아이템의 시장성과 경쟁력, 수익성 및 성장성이며 분석 과정은 아래 [그림 2-2]와 같다.

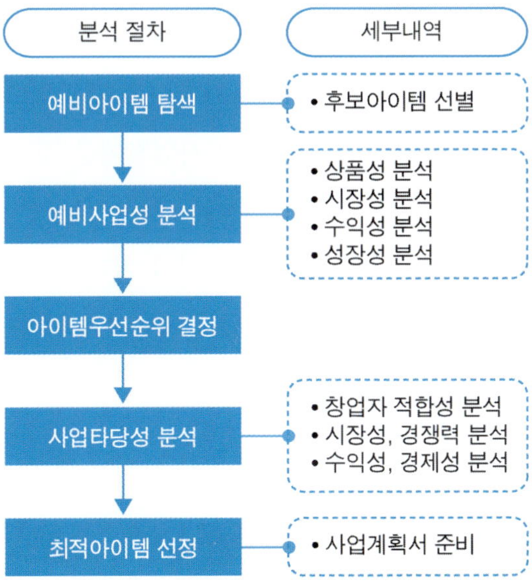


[그림 2-2] 사업타당성 분석 절차

### (1) 사업 수행능력 및 적합성

창업의 성패는 창업자가 계획한 사업에 대한 수행능력과 자질 그리고 해당업종에 대한 적합성에 의거해서 평가할 수 있다. 개인이나 기업이나 어떤 사업에 대한 성공과 실패는 가장 중요한 인적 요인에 의해서 좌우된다. 창업의 성공 여부도 결국은 창업자의 능력과 자질이 어느 정도 되느냐에 따라 결정되는데, 특히 신규 창업의 경우 창업자의 계획사업 수행능력과 앞으로 경영하고자 하는 업종에 대한 경험, 지식 및 관련성이 핵심요소가 된다. 사업을 성공적으로 이끌기 위해서는 창업분야에 관련된 선행지식이나 경험 그리고 환경변화에 대처할 수 있는 능력 이외에 창업자의 결단력, 책임감, 의지력 및 조직을 이끌어 나갈 수 있는 리더십이 중요한 요소라 할 수 있다. 또한 창업자의 타고난 성향과 기질 그리고 해당 사업아이템에 대한 호감도 등은 사업을 얼마나 오랫동안 끈기있게 추진할 수 있는가에 대한 고려사항이라 할 수 있다. 따라서 사업타당성 분석 시 가장 먼저 검토되어야 할 사항이 바로 창업자의 사업 수행능력과 적합성 분석인 것이다.

그런데 이러한 사업 수행능력과 적합성을 가장 잘 판단할 수 있는 사람은 바로 본인이라 할 수 있다. 그러나 동시에 자기자신을 객관적으로 평가할 수 없는 것이 자기평가이다. 따라서 창업자 자신만이 사업참여를 결정해서는 안 되고, 창업자의 자질과 장단점을 잘 아는 동료나 지인 또는 전문 컨설턴트를 통해서 충분한 검토과정을 거쳐 객관적으로 평가하는 것이 합리적인 자기평가 방법일 것이다.

### (2) 시장경쟁력과 성장성

시장경쟁력 분석이란 사업을 시작하기 전에 해당 상품 또는 서비스 시장의 크기는 어느 정도인지, 성장 잠재력과 유사상품의 수요추이는 어떠했는지를 분석해 보는 것인데, 해당 아이템에 대한 고객 선호도와 반응은 어느 정도인지, 상품 품질이 시장에서 기존상품과 경쟁에서 우위를 점할 수 있는 경쟁력 정도를 파악하는 것이다. 여기에는 시장의 일반적인 특성, 가격경쟁력, 소비자 인지도, 주요 거래처, 고객의 특성, 고객 변화 추세, 유통경로의 특성 등과 경쟁사의 강점, 약점 및 영업 현황 등을 분석하는 것들이 해당된다. 또한 해당 아이템에 대한 향후 잠재고객 추세와 소비자 성향에 따른 매출 전망은 어떠한지, 아이템의 사업발전 단계상 도입기 또는 성장기 아니면 이미 시장에서 사라지고 있는 단계는 아닌지를 파악해 보아야 한다.

아무리 좋은 상품을 만든다고 하더라도 해당상품이 시장에서 판매되지 않는다면 사업의 의미가 없다. 시장경쟁력 분석의 최종 목적은 앞으로 생산예정인 상품이나 서비스가 시장에서 얼마나 팔릴 것인가, 향후 증가추세는 어떻게 변할 것인가 등 사업성패를 사전에 판단할 수 있는 중요한 정보를 얻는 것이라 할 수 있다.

### (3) 수익성과 경제성

수익성과 경제성 분석은 계획한 사업을 통해 실현 가능한 모든 수익과 비용자료를 추정하고 분석 검토하는 것을 말한다. 계획한 아이템이 성공적으로 생산되어 예상된 적정판매량이 실현된다 하더라도 적정 수익을 실현하지 못한다면 그 사업은 결국 성공 가능성이 없는 것으로 판정할 수밖에 없는 것이다. 따라서 사업의 경제성 평가는 새로운 계획사업이 타당성 여부를 판단하는 기준이 되는데, 좋은 아이템으로 시장에서 경쟁력이 있는 상품을 성공적으로 생산하여 판매하던 신규 창업자가 높은 비용발생과 결재지연 등으로 사업초기 단계에서 중단하는 경우가 상당히 많다는 것이다.

수익성 분석에서 가장 중요한 평가사항은 수익 전망과 손익분기점 분석(breakeven point analysis)이다. 수익 전망은 창업 후에 과연 이익이 발생하는 시점이 언제부터인가 하는 점이다. 보통 2~3년 이내에 매출에 대한 순이익 실현 여부를 분석해 본다. 이러한 수익성 전망은 자금계획 수립과 밀접한 관련이 있기 때문에 자금회전의 어려움으로 사업의 위기를 초래하지 않기 위해서는 수익 전망 분석이 매우 중요하다.

손익분기점이란 영업활동으로 발생하는 수익과 비용이 일치하는 점을 말하는데, 이 시점에서는 기업의 이익도 손실도 없다. 손익분기점 분석을 통해 이익이 창출되려면 매출액이 어느 정도 이상이어야 하며 그 시점은 언제이며 어느 정도의 기간이 지나야 하는가를 추정한다.

창업기업에 있어서의 손익분기점에 해당하는 시점은 상당히 중요한 의미를 갖는다. 왜냐하면 손익분기점을 무사히 넘겼을 때 기업이 비로소 정상궤도에 진입하여 본격적인 이익을 창출할 수 있는 시점이 되기 때문이다. 따라서 손익분기점 분석은 자금수급계획의 기준이 되는 동시에 사업성패의 관건이 된다고 할 수 있다. 손익분기점 산출방식은 다음과 같다.

> 손익분기점(BEP) = 고정비/[1-(변동비/매출액)]
> [손익분기점의 매출액은 순이익이 0이 되는 지점이며,
> 즉, 매출액 - 변동비 -고정비 = 순이익(0)이다]

## (4) 자금수급 능력과 위험요인

자금수급 및 조달능력은 창업아이템이 시장성과 수익성이 있는 사업이라도 그 사업에 필요한 적정 자금규모는 어느 정도이며, 자금을 적기에 차질 없이 조달할 수 있는지, 그리고 조달된 자금을 상환조건과 기간에 따라 원만하게 상환할 수 있는지 여부를 검토하는 것이다.

사업규모는 창업자의 자금조달 능력에 따라 결정된다. 자금조달과 운용계획은 먼저 총소요자금 규모에 따라 자금계획을 수립하고, 총소요자금 대비 자금

조달 계획이 수립되면 자금조달 능력을 검토하여야 한다. 자금조달 능력은 창업자의 신용도, 담보력, 업종에 따른 정책자금 차입규모 등을 검토하여야 하며, 자금조달에 따른 위험수준을 확인하여 조달 범위를 창업여건에 맞게 조정하여 결정하여야 한다. 다음은 자금조달 능력의 적정성 평가인데 자금조달 능력이 계획대로 되지 않으면 사업규모를 줄이지 않으면 안 된다.

자금조달 계획이 아무리 정확하게 산출되었다 하더라도 사업을 하다 보면 추가로 자금이 소요되는 경우가 다반사이기 때문에 안정적인 사업추진을 위해서는 적정 여유자금 확보가 필수적이다.

차입금으로 자금을 조달할 경우 먼저 상환능력을 검토하여야 하는데, 차입금 상환 계획을 소홀히 할 경우 상환기간이 일시적으로 도래하는 상황이 발생할 때는 사업이 큰 곤경에 처할 수 있다. 따라서 상환능력 검토 시에는 매출액과 수익규모 및 증가율을 감안하여 조달계획을 수립하지 않으면 안 된다.

사업 위험요인 분석은 사업의 성패에 결정적인 영향을 미치는 사업타당성 분석의 최종 단계라 할 수 있다. 위험요인 분석은 사업경영에 결정적인 영향을 미칠 수 있는 요소의 존재 여부와 여기에 대응할 수 있는 방안 수립을 전제로 검토하여야 한다. 창업에 대한 위험요인은 창업 업종이 제조업이냐 도소매업이냐 아니면 서비스업이냐에 따라 달라질 수 있으며, 그 업체의 특성에 따라 상이할 수 있기 때문에 위험요인 중 해당기업의 성패에 중대한 영향을 미치는 항목을 선택하여 그 항목의 변화정도에 따라 사업에 어느 정도의 영향을 미치는가를 분석하여야 한다.

〈표 2-3〉 사업타당성 평가요소

| 평가요소 | 세부항목 |
|---|---|
| 창업자의 사업수행 능력 및 적합성 | • 창업자의 적성과 자질<br>• 창업자의 리더십, 결단력<br>• 창업자의 관련 업무 경험과 지식<br>• 업종과 아이템 선택의 적합성<br>• 창업자의 사업수행 능력 |

| 평가요소 | 세부항목 |
|---|---|
| 시장 경쟁력과 성장성 | • 해당 아이템에 대한 고객 선호도<br>• 시장에서의 소비자 성향<br>• 상품에 대한 라이프 사이클 분석<br>• 잠재고객의 증가추세<br>• 동종업체와의 경쟁상태<br>• 경쟁상품의 출현 가능성 |
| 수익성과 경제성 | • 예상매출 및 수익 전망<br>• 투자수익 및 손익분기점 분석<br>• 시장 규모와 시장 점유율<br>• 계획사업의 경제성 평가<br>• 기타 재무적 타당성 분석 |
| 자금수급 및 성장성 | • 소요자금의 규모 및 조달 가능성<br>• 자금조달 운용계획 실현 가능성<br>• 차입금 상환 능력 검토<br>• 성장 가능성<br>• 해당 사업에 대한 위험요인 검토 |

## 4. 사업계획서 작성

성공적인 창업을 위해서는 사업의 전반적인 활동과 실행을 위한 사업계획서 작성이 필요하다. 사업계획서란 사업을 어떤 방향으로 끌고 나가며 어떻게 목표에 도달할 수 있는지에 대하여 객관적으로 설득할 수 있게 하는 행동지침이며 문서화된 창업계획서이다.

창업자가 사업계획서를 작성해야 하는 이유는 다음과 같은 목적을 위해서이다.

- 사업계획에 대한 타당성 검토 기회가 된다.
- 사업계획서는 창업에 대한 시행착오를 줄여 준다.
- 창업초기 사업목표를 달성하기 위한 지침서가 된다.
- 사업파트너 또는 투자자를 찾는 자료로 활용할 수 있다.

- 사업 인허가, 금융지원 등 공공기관 제출용도로 필요하다.
- 사업과 관련된 이해 관계자들에게 활용자료로 유용하다.

### (1) 사업계획서의 내용

사업계획서는 사업아이템부터 사업의 특성, 사업형태, 자금계획 및 사업추진 일정 등 세부적인 설명이 구체적으로 포함되어야 한다.

〈표 2-4〉 사업계획서의 내용

| 항목 | 내용 |
|---|---|
| 사업의 개요 | • 창업의 개요와 사업타당성 및 강점<br>• 창업의 업종, 업태 및 운영계획에 대한 개요 |
| 사업의 형태 | • 개인 또는 법인사업자와 회사의 형태<br>• 회사의 경우 출자자와 출자비율 |
| 시장현황 및 특성 | • 사업장의 입지 및 점포확보 계획<br>• 상권의 특성과 경쟁상대의 현황 및 특징<br>• 시장규모 및 향후 전망과 SWOT분석 |
| 자금조달 및 운용 | • 창업 소요자금, 조달 및 운용에 관한 계획<br>• 운전자금의 조달, 운용 및 차입금 상환계획 |
| 사업추진 계획 | • 조직 및 인원계획, 제품조달 및 생산계획<br>• 마케팅 및 판매계획, 사업추진 일정계획 |
| 재무현황 | • 예상 수익과 비용 계산에 관한 사항<br>• 추정 손익계산서, 판매 및 일반관리비 명세서 |

### (2) 사업계획서와 사업설명서

사업계획서를 바탕으로 사업내용을 구체적으로 설명할 때 필요한 자료가 사업설명서이다. 사업아이디어나 아이템이 아무리 훌륭하여도 사업계획 관련 이해관계자들에게 의미 있게 전달하지 못하면 원하는 목표를 달성하기 어려울 수도 있다. 사업설명서는 사업파트너, 잠재적 투자자와 공공 기관 등 사업추진에 필요한 세부 내용들을 관련 당사자들에게 설명할 때 필요한 것이기 때문에 치밀하게 준비하여 설득력 있게 작성하여야 한다.

일반적으로 좋은 사업설명서란 다음의 조건을 갖추어 작성한다.

〈표 2-5〉 사업설명서의 내용

| 구분 | 원 칙 | 내 용 |
|---|---|---|
| 1 | 주요 결론을 먼저 언급한다 | 주요 결론 부분을 강조하고 이를 입증하며 설명한다 |
| 2 | 각 항목에 핵심을 부여한다 | 각 항목에 주제를 설정하고 핵심메시지를 전달한다 |
| 3 | 요점을 명확히 전달한다 | 주요 이슈에 대하여 요점을 명료하게 정리한다 |
| 4 | 간단한 요약본을 준비한다 | 사업개요를 한 장에 핵심을 정리하여 배포한다 |
| 5 | 객관성과 정확성을 유지한다 | 입증되지 않거나 모호한 표현을 자제한다 |
| 6 | 내용을 구체적으로 기술한다 | 추상적이거나 가정에 기초한 주장보다 구체적으로 설명한다 |
| 7 | 문제점을 요약하고 해결책을 제시한다 | 사업의 주요 이슈와 문제점을 열거하고 실제적인 해결 방안을 제시한다 |

Chapter

# 03

# 상권분석과 입지선정

1. 상권분석
2. 입지선정

Chapter 03

# 상권분석과 입지선정

상권(trade area)이란 고객을 끌어들일 수 있는 지역적 범위를 말하는데 고객이 흡인되는 지리적 여건으로서 해당지역 점포나 사무실 그리고 거주지역이라고 할 수 있다.

이러한 상권에는 해당지역에 유입되는 실질적 고객과 잠재적 고객이 포함되어 있는 공간을 의미하며 규모에 따라 지역상권, 지구상권, 지점상권으로 구분하기도 한다.

창업에 있어서 상권분석은 매우 중요하며 입지선정과 관련이 깊다. 상권분석이란 상권 전체의 현황과 잠재력을 파악하는 것으로 매출과 직결되며 잠재수요를 추정하고 수익을 예측하는 데 필수적인 과정이다. 정밀한 상권분석을 생략한 채 창업을 추진하는 것은 매우 위험한 일이며, 상권분석을 통해 상권에 대한 올바른 이해와 마케팅 전략을 세워 나가는 일은 창업성공을 위한 전제 조건이다.

본 장에서는 상권분석 기법 및 입지선정에 대한 방법들을 살펴보고자 한다.

# 1 상권분석

## 1. 상권분석의 개념

상권분석은 창업자가 예비 점포입지에 대하여 사전에 사업성이 있는가를 검토하여 입점을 결정하는 데 결정적인 역할을 한다. 상권은 잠재고객이 어느 지역에 거주 또는 분포하느냐 하는 것으로 유동적인 반면에, 입지는 사업장의 위치 선정문제로서 사업장이 위치한 곳이 사업을 영위함에 있어 어떤 여건에 있느냐 하는 것을 말한다.

상권은 변할 수 있지만 입지는 한번 결정하고 나면 일정기간 동안 고정될 가능성이 크기 때문에 신중하게 결정하여야 한다. 따라서 우수한 점포입지를 선정하는 것은 사업을 성공적으로 이끄는 첫 단추가 되는 것이다. 특히 소매업 및 서비스업 창업의 핵심은 좋은 상권과 입지선정에 있다. 아무리 유망한 업종을 선정하고 사업계획을 훌륭하게 세웠다 하더라도 상권과 점포의 입지가 좋지 못하면 사업에 성공하기 힘들다.

## 2. 상권의 구분

### (1) 매출액과 근접성 기준

상권은 고객들이 거주하거나 활동하는 거리 및 매출액을 중심으로 일반적으로 1차 상권, 2차 상권, 3차 상권으로 구분할 수 있다.

1차 상권이란 보통 도보로 5분 내 거리이면서 반경 약 500미터 이내 범위에 해당된다. 이 지역은 전체 점포 이용객의 60~70%를 포함하는 범위를 의미하며 점포에 가장 근접해 있고 내점 빈도나 매출액 비중이 가장 높은 지역이다.

2차 상권이란 1차 상권 외곽에 위치하며 전체 점포 이용고객의 20~30%를 포함하는 지역이다. 1차 상권에 비해 고객들이 넓게 분산되어 있어 고객의 접근성이 떨어지며 도보로 15분 이내의 거리로 반경 약 1킬로미터 이내이다.

3차 상권은 1차 및 2차 상권에 포함되는 고객 이외의 나머지 고객들이 거주하는 상권범위로 한계상권(fringe trading area)이라고도 한다. 고객들의 거주지역은 광범위하게 분산되어 있고 점포에 미치는 영향은 미미하다. 그러나 상권은 업종의 종류나 점포크기, 상품의 다양성, 경쟁점포 현황, 도로상황 및 마케팅 활동 등에 영향을 받는다.

### (2) 입지 특성에 의한 구분

입지 특성에 따른 상권은 도시의 특성에 따라 주택가 상권, 아파트 상권, 학교주변 상권, 사무실 밀집 상권, 번화가 상권, 역세권 상권으로 구분할 수 있으며, 이들 상권별로 형성되고 있는 업종들은 창업아이템의 입지를 선정하는 데 참고하여야 할 중요한 기준이 된다.

#### ❶ 주택가 상권

주택가 지역은 일반적으로 단지에 따라 생활수준이 다르고 큰 차이가 나는 경우가 있다. 대개의 경우 주택가는 생활수준이 높지 않은 주택밀집지역으로, 특히 서울과 수도권의 경우 주택가 거주자들은 아파트에 거주할 경제적인 여유가 없는 젊은 연령층이 상당수인 경우가 많다. 이들은 소비가 왕성하나 여유로운 소비가 만만치 않아 이 지역에서는 대규모 업종보다는 소규모 업종이 유리하다.

따라서 고가품보다는 주민의 생활에 밀접한 생활필수품 소비에 요점을 두어야 한다. 아파트 단지보다 수익규모는 크지 않으나 고정적인 매출 확보에는 적당한 상권으로 초보창업자나 여성들이 부업으로 하기에 적당하다. 최근 대형할인점 등의 입점으로 중소형 마트 업종은 대형할인점과의 가격경쟁에서 열세하므로 진출을 자제하는 것이 바람직하다.

### ❷ 아파트단지 상권

아파트단지 상권은 소비자와 상가가 근접해 있으며 주 고객이 아파트 주민으로 큰 유동이 없고 거주자들의 생활수준이 비교적 큰 차이가 없으며 소비패턴의 변화가 크지 않으므로 소비자들의 일상적인 생활용품을 취급하는 업종이 좋다. 따라서 고가의 장식품 업종보다는 소규모 생활업종이 유리하며 비교적 안정적 매출이 확보될 수 있어 손익분기점에 빠르게 도달할 수 있으나 수익규모가 크지 않다.

### ❸ 학교주변 상권

학교주변은 주 고객이 학생들이므로 구매형태를 감안한 업종선택을 고려하여야 한다. 판매대상이 고정적이므로 구매단위 역시 고정적이라 할 수 있다. 학생들의 취향과 구매형태를 고려하여야 하며 상품구매 선택의 폭이 한정되어 있어서 고도의 전문성과 고객관리가 필요하다. 초·중·고 학교주변과 대학교 주변은 소비패턴과 구매력에 큰 차이가 있으며, 특히 초·중·고 학교주변은 교육환경을 저해하는 업종은 인허가상 제한이 있으므로 창업 전에 이를 반드시 확인하여야 한다.

학교주변 상권에서는 소자본 창업이 가능하고 소비자가 한정적이어서 마케팅 공략이 비교적 수월하다. 그러나 수익 창출에 있어서는 학기 중과 방학 중의 차이가 심하므로 이 점을 반드시 고려하여야 한다.

### ❹ 사무실 및 오피스텔 지역 상권

도시지역 사무실과 오피스텔이 밀집된 지역의 고객은 주로 젊은 연령층의 직장인들이며 이들의 소비패턴은 주로 점심시간 때와 퇴근 후에 유동인구가 폭발적으로 늘어나 저녁식사 등 식생활과 관련된 요식과 놀이문화가 대부분을 차지하고 있다. 최근에는 사무실 주변에서 운동을 하거나 아침식사를 하고 출퇴근하는 직장인들이 많이 늘고 있으며, 오피스텔은 비주거용이나 사무실용도와 함께 준주거용으로 20~30대 젊은층이 많이 거주하고 있으며, 주말에는 공동화 현상이 있어 한산한 편이다. 따라서 이곳에서는 지속적인 변화를 추구하면서 영업활동을 해야 성공할 가능성이 높다.

### ❺ 역세권 및 번화가 상권

백화점, 극장, 유명제품점 등이 밀집되어 있고 고층빌딩과 많은 인구가 밀집되는 지역이다. 이 지역은 청소년부터 성년층까지 유동인구가 다양하며 남성보다는 여성 인구 비율이 상대적으로 높은 것이 특징이다. 시간대로는 오후 4시 이후부터 저녁 9시 전후에 많은 사람들의 발길이 이어지며 고정고객보다는 유동고객이 많다. 이 지역은 고가의 상품부터 서비스 업종이 대부분을 차지하며 화려하고 특색 있는 사업장이 성공할 확률이 높아 초기 창업자에게는 쉽지 않은 곳이다.

추천 소자본 창업 업종으로는 번화가 뒷편에서 서비스 업종이 비교적 무난하다.

## 3. 상권분석 방법

상권분석은 상권에 영향을 미치는 요인들을 분석하여 어느 정도의 구매력과 특성을 가지고 있는지를 파악하는 것이다. 상권을 분석하는 방법에는 여러 가지가 있으나 상권 내의 제반 입지특성, 고객특성, 상권 내의 경쟁구조특성을 파악하는 기술적 방법에 의한 상권분석, 실무적 방법에 의한 상권분석 및 상권조사 기법으로 구분할 수 있다.

### (1) 기술적 방법에 의한 상권분석

- 상권 내의 행정구역 및 인구통계 특성 분석
- 상권 내 도로특성, 대중교통 노선 및 통행량 분석
- 상권 내의 주차시설, 접근성 및 교통유발 시설 분석
- 상권 내의 시장구조, 점포시설 및 변화패턴 분석
- 상권 내에 왕래하는 인구 중 흡인되는 고객 수 분석
- 상권 내에 거주하는 인구 및 직장인 고객 수 분석
- 상권 내에 상주하는 업종 및 업태별 경쟁구조 분석
- 상권 내의 경쟁, 보완관계 및 기타 특성 분석

### (2) 실무적 방법에 의한 상권분석

상권분석을 위해서는 다양한 영향요인에 대한 검토가 필요하다. 상권은 지역의 공간적 특성을 나타내고 있기 때문에 상권의 크기뿐만 아니라 특정 지역이 갖는 공간적 특성을 분석해야 하는데 공간적 특성은 영업흡인력이 미치는 범위이며 시장으로서의 기능을 발휘하는 실제 상권의 크기를 의미한다. 또한 상권 내의 고객이 갖는 특성과 상권 내에서의 경쟁구도와 상호 의존관계가 공존하기 때문에 상호관련성 분석이 필요하다.

〈표 3-1〉 상권의 영향요인 분석

| 구 분 | 분석내용 |
|---|---|
| 상권의 공간적 특성 | • 상권 구조 특성상 도심인가 부도심인가?<br>• 도시 특성상 상권이 주거지 혹은 상업지에 위치하는가?<br>• 공간적 특성상 자연조건과 지형은 어떤 형태인가? |
| 경제현황 및 교통여건 | • 도로, 교통상황 및 시간대별 통행량은 어느 정도인가?<br>• 문화 및 공공시설 유무와 유동인구는 어느 정도인가?<br>• 해당 지역 내 행정 및 경제여건은 어느 수준인가? |
| 상권 내의 고객특성 | • 상권 내 상주인구 및 유동인구 비중은 어느 정도인가?<br>• 해당 상품에 대한 호응도 및 구매 성향은 어떠한가?<br>• 인구분포, 연령, 직업별 분포현황은 어떠한가?<br>• 소득수준, 소비수준 및 주거유형 형태는 어떠한가? |
| 상권 내의 경쟁구조 | • 상권 경계상 또는 업종별 경쟁구조는 어떠한가?<br>• 대형 또는 경쟁소매점의 분포현황 및 활동현황은?<br>• 상권 내의 경쟁 및 상호 의존관계 특성은 어떠한가? |

출처: http://sg.sbiz.or.kr(상권정보시스템).

### (3) 상권조사

상권조사란 실제 현장조사를 통해 상권의 주위환경과 시장의 특성을 알아보는 방법이다. 상권 내 인구 및 배후지 특성 등 자기상권의 세력을 판단하고 평가하여 고객 확보 정도를 예측해 볼 수 있으며, 다음과 같은 절차를 통해 조사한다.

- 1단계: 상권 내 지역정보 수집
  (관공서 인구통계자료, 상업통계자료, 조사정보, 점포조사)
- 2단계: 지역 상권지도 작성
  (상권세력이 미치는 범위까지 작성)
- 3단계: 상권 내 지역 도보 관찰
  (쇼핑도로, 구매행동, 주거형태, 소유 차량 등으로 소득수준 파악)

- 4단계: 주요시설 하루 이용객수 및 유동인구 조사
- 5단계: 해당 상권의 향후 개발계획 조사
- 6단계: 상권의 급지 구분 및 점포 임대시세 조사

## 2 입지선정

창업에 있어서 입지선정은 매우 중요하다. 우수한 점포입지를 선택하는 것은 사업을 성공적으로 이끄는 첫 단추가 되는 것인데, 일단 결정한 입지는 창업이 시작되면 옮기기가 매우 어려울 뿐만 아니라 매출실적과 바로 직결되기 때문이다. 입지를 결정할 때는 여러 조건들을 세심하게 확인하여야 하며 창업자가 예비 점포 입지에 대하여 사전에 사업성이 있는가를 결정하기 위한 전제조건이 바로 상권분석이다.

점포 입지선정은 현장조사를 근거로 해야 한다. 상권분석 편에서 살펴본 대로 점포인근 가구수, 시간대별 유동인구를 확인하고 경쟁점포, 생활수준, 교통여건, 업종 현황뿐만 아니라, 창업하고자 지역에 제한 업종이 없는지 여부 등 행정적인 면까지 꼼꼼하게 살펴보아야 한다.

또한 현재 입지가 좋다 하더라도 앞으로 상권이 어떻게 변할지도 분석해야 하며, 향후 해당 입지에 부정적 영향을 미칠 수 있는 요인들도 함께 점검하여야 한다. 예를 들어, 해당 인근지역에 지하철 공사나 도로확장 공사, 아파트 재개발 공사 및 재건축 공사가 예정되어 있다면 피하는 것이 좋다.

또한 기존 관공서나 대형 시설물이 이전을 하거나 대형 할인점이 인접지역에 들어선다면 기존상권에 부정적인 영향을 미칠 수 있다. 그러나 해당지역에 버스정류장이 가까운 곳에 신설되거나 대규모 아파트 단지의 입주가 시작된다면 긍정적 요인이 될 수 있다.

## 1. 우수한 입지선정의 기준

### (1) 입지 주변의 특성파악

창업자가 입지선정을 할 때 가장 우선적으로 파악하여야 하는 점이 입지하고자 하는 주변지역의 특성이다. 후보 입지에 계획하고 있는 업종의 현황, 영업상태 등을 파악하여 상권의 발전 정도를 유추해 낼 수 있으며, 반대로 입지의 특성에 따라 그 지역에 적합한 업종을 검토해 보고 향후 입점 시 영업전략도 수립할 수 있는 것이다.

아파트 지역, 지하철역 역세권, 중심지 대로변, 오피스텔 및 사무실 지역, 학교주변 등 해당 입점 지역의 특성을 파악하여 입주를 결정하여야 한다.

### (2) 상권의 특성파악

점포 입지선정 시 확인해야 할 사항 중 다른 하나는 배후지역 특성인데 배후지역이란 점포의 상권 안에 거주하고 있는 영업대상 계층의 수준과 범위이다. 배후지역 주민의 소득 및 소비수준, 인구수 및 총세대수, 성별 및 연령대별 인구수, 주거형태, 소비행태, 직업별 분포, 교육수준 정도 등을 조사하고 분석하여 입지전략을 수립한다.

예를 들어, 배후지 특성이 대학교 주변이라면 주로 젊은 대학생 인구가 주류를 이룰 것이고 소비행태의 특성도 파악할 수 있으므로 거기에 맞는 업종과 입지선정이 고려되어야 할 것이다.

### (3) 유동인구의 특성파악

동일한 상권 내의 같은 지역이라도 우수한 입지는 점포 앞 유동인구가 많고 적음에 따라 결정되며, 또한 유동인구의 특성에 따라 업종의 적합성이 결정된다. 유동인구는 상당히 많으나 영업은 잘 안 되는 점포가 있다. 이것은 점포 앞의 유동인구가 단순히 지나쳐 가는 사람이거나, 점포의 업종이 유동인구 계층에 적합하지 않은 경우이기 때문이다.

유동인구의 조사는 평일과 주말, 주중과 주말의 시간대별, 연령별, 성별로 파악한다. 그리고 입지 후보지의 잠재 고객뿐만 아니라 점포에 실제로 내점하는 고객수를 파악하여야 하고, 이에 따라 어떤 업종을 선택해야 하는지, 어떤 고객계층을 타깃으로 설정해야 하는지 등을 종합적으로 분석하여 결정하여야 한다.

### (4) 점포 이용 편리성 파악

입지선택 시 추가로 고려해야 할 요소는 점포의 이용편리성이다. 고객들이 얼마나 쉽고 편리하게 찾아올 수 있는 위치에 있는가 하는 점도 중요한데, 사람들은 특별한 물건을 구매하기 위한 목적이 아니라면 대부분 접근하기 쉬운 점포를 이용한다.

점포의 이용편리성을 결정하는 요인으로는 점포인근에 지하철역이나 버스정류장, 교차로, 출입구의 계단 유무, 주차시설 유무 그리고 교통혼잡도 등이다. 또한 상권 내에 있는 백화점, 영화관, 관공서, 대형서점과 같은 시설 등은 인구유발 요인이 되어 점포의 접근성에 긍정적인 영향을 주기도 한다.

### (5) 입지의 성장성 파악

인구 유입이 지속적으로 늘어나거나 소비계층이 얼마나 증가할 수 있는 상권

입지냐 하는 점이 잠재적 성장성을 파악하는 중요한 요인이다. 또한 같은 종류의 상품을 취급하는 점포가 얼마나 모여 있느냐 하는 응집력 정도가 고객을 유인하는 기준이 될 수 있는데, 지나치게 유사한 업종의 점포가 밀집되어 있는 경우는 경쟁이 심해져 오히려 매출이 감소하는 요인이 될 수도 있다. 한편 상호 보완관계에 있는 상품을 취급하는 점포가 많을수록 양 점포를 이용하는 고객수도 많아져 시너지 효과가 발생하여 판매량이 늘어난다.

〈표 3-2〉 넬슨(R.L.Nelson) 입지선정 8가지 평가기준

| 구 분 | 내 용 |
|---|---|
| 접근 가능성 | • 관할 상권주변에 있는 고객을 나의 점포로 끌어들일 수 있는 가능성 |
| 성장 가능성 | • 인구증가 및 소득수준 향상으로 시장규모와 매출액이 성장할 가능성 |
| 중간 저지성 | • 기존 점포가 중간에 위치하여 나의 점포로 오는 고객이 차단되는 정도 |
| 경쟁 회피성 | • 신규 입점이나 기존 점포와의 경쟁에서 우위를 확보할 수 있는 정도 |
| 잠재력 | • 관할 상권 내에서 취급하는 상품, 점포 또는 단지의 수익성 확보 가능성 |
| 흡인력 | • 점포, 사무실, 문화시설 등이 인접해 있어 고객을 유인할 수 있는 가능성 |
| 양립성 | • 상호 보완관계가 있는 점포가 위치하고 있어 흡인될 수 있는 고객 정도 |
| 경제성 | • 입지의 가격 및 비용 등을 충당하고 가능한 수익성 및 생산성 정도 |

## 2. 우수한 점포입지 조건

우수한 입지조건은 업종이나 사업규모에 따라 달라질 수 있겠으나 일반적으로 유망한 점포입지 조건은 다음과 같다.

- 지하철역에서 300m 이내, 버스정류장에서 100m 이내인 지역
- 버스종점 반경 500m 이내, 노선이 5개 이상인 버스정류장 지역
- 버스나 지하철역에서 주택지 입구로 들어오는 모퉁이 지역

- 2,000세대 이상 대규모 아파트나 주택단지 지역
- 10층 이상 대형건물이 5개 이상 밀집된 지역
- 고교, 대학교 주변 정문 500m 이내, 후문 300m 이내인 지역
- 편도 2차선 도로의 200m 이내로 동일 업종이 없는 지역
- 반경 500m 이내에 동일 업종이 3개 이상 없는 지역

## 3. 주의해야 할 점포 유형

### (1) 주인이 자주 바뀌는 점포

영업이 잘 안 되거나 점포 자체의 하자 및 권리관계의 문제가 있는 경우 주인이 자주 바뀔 수 있으므로 주위 사람들에게 확인하여 영업상황 및 주인이 자주 바뀌는 이유를 알아보는 등 세심하게 점검하여야 한다.

### (2) 임대료가 유난히 싼 점포

점포의 임대료가 싸면서도 매출이 높은 점포는 사실상 많지 않다. 임대료 수준이 낮다면 위치 등 입지 여건이 좋지 않거나 틀림없이 다른 이유가 있을 것이다. 별다른 이유 없이 점포의 임대료가 저렴하다면 더욱 신중하게 확인하여 결정하여야 한다.

### (3) 맞은편에 상권이 형성되지 않은 점포

맞은편에 점포가 형성되지 않은 지역은 대부분 대중교통이 비켜 가는 경우이거나 상권의 끝자락 지역인 경우가 많다. 맞은편에 점포가 형성되지 않았다면

사람들을 흡인하는 유인책이 약해서 상권의 세력이 크지 않다.

### (4) 주변에 대형 점포가 있는 점포

점포 주변에 대형 백화점이나 영화관 및 문화시설이 있는 경우라면 유동인구가 많아 고객 흡인효과가 있으나, 같은 업종의 대규모 경쟁점포가 있다면 더 큰 규모와 풍부한 상품을 확보하여 경쟁해야 하기 때문에 점포계약에 신중하여야 한다.

### (5) 주인이 유사업종에 종사하고 있는 점포

점포를 임차해서 사업을 하는 경우는 영업이 잘 되어 수익 발생시점에 해당 점포 주인이 갑자기 점포를 비워 달라고 하지 않도록 계약조건을 세심하게 작성을 하는 동시에 평소에 점포 주인과의 관계를 잘 유지하여야 한다.

# Chapter 04

# 업종별 창업절차와 창업지원제도

1. 업종별 창업절차
2. 창업지원제도

Chapter 04

# 업종별 창업절차와 창업지원제도

창업의 절차는 먼저 사업아이템을 결정하고 업종선정 이루어지면 그 사업에 대한 성공 가능성을 검토하는 사업타당성 분석을 실시한다. 그리고 사업장 입지선정, 사업규모와 사업형태를 구상하고 창업 멤버와 조직을 어떻게 구성할 것인가 하는 사업계획서를 수립하여 사업을 시작하게 된다. 이러한 과정은 어느 업종의 창업이든 공통적으로 필요한 과정이다.

본 장에서는 먼저 서비스업, 유통업, 프랜차이즈(가맹점), 인터넷 비즈니스 창업의 특징과 방법 및 절차에 대하여 알아보고, 창업기업을 육성하기 위한 정책자금지원제도와 자금지원제도 이외의 각종 정책적 창업지원제도에 대하여 살펴본다.

# 1 업종별 창업절차

## 1. 서비스업 창업

급속한 기술혁신과 정보화 시대를 살아가는 현대에는 소비자들의 니즈(needs)가 복잡 다양화되고 고급화, 전문화됨에 따라 가장 빠르게 확대되어 가는 업종이 서비스업인데 그만큼 창업의 기회도 많고 업종도 다양하다. 최근 생활양식(life style)의 변화, 여가시간의 증가, 평균수명 증가 등으로 소비자의 욕구가 다양화되어 감에 따라 서비스 업종의 창업을 하고자 하는 자는 이러한 사회적 변화와 흐름을 잘 파악하여야 한다.

일반적으로 서비스란 '무형의 가치로서 소비자의 편익이나 만족을 주는 행위'를 의미한다. 따라서 서비스 업종은 소비자에게 만족을 주는 활동이나 그 과정으로 제공하는 즉시 사라지며 그 욕구가 얼마나 충족되었느냐에 따라 그에 상응하는 대가를 받는 업종이라 할 수 있다.

### (1) 서비스업 창업의 특징

서비스 업종은 그 사업 영역이 가장 광범위하고 다양하기 때문에 한 가지 모델을 정하여 설명하기가 쉽지 않다. 예를 들어, 서비스업 중 학교나 병원을 설립하려면 제조업보다 훨씬 복잡하고 까다로운 절차를 거쳐야 하는 반면, 음식점이나 카센터 같은 경우는 비교적 간단한 절차에 따라 창업이 가능하다. 한편 부동산중개소나 컨설팅 업종은 관련 유자격자가 훨씬 쉽게 창업할 수 있다.

서비스 업종은 창업자의 지식, 경험, 노하우 등 창업자의 능력 자체가 창업기반이 되는 경우가 많다. 따라서 서비스업을 창업하기 위해서는 최소한 사업분야의 전체적인 흐름에 대한 이해가 있어야 성공할 수 있다.

고객은 언제나 일정 수준 이상의 서비스를 원하고 있기 때문에 소비자의 욕구와 기대에 만족할 수 있는 차별화된 서비스를 제공하도록 하여야 한다. 이를 위해서는 종업원 등 조직 구성원에 대한 교육을 지속적으로 실시하고 관리하여야 한다.

서비스업 창업을 통해 사업기반이 다져지기까지 서비스 품질과 서비스 수준을 지속적으로 관리하여야 하며, 서비스는 생산 즉시 소비되는 특성이 있어 서비스 내용에 대하여 고객에게 충분히 설명하여야 한다.

## (2) 창업절차

### ❶ 사업타당성 분석

어느 업종이든 창업 시작 전 가장 구체적으로 오랜 시간을 두고 점검하는 사항이 사업타당성 분석인 만큼 아이템의 적합도, 사업입지의 적정성, 시장성과 매출전망, 수익성 및 성장성, 그리고 경쟁현황과 사업에 대한 위험(리스크) 등을 점검하여 사업아이템을 최종적으로 결정하게 된다.

### ❷ 회사설립

서비스 업종은 너무나 광범위하고 다양하기 때문에 회사 설립 시는 먼저 해당업종이 관련 법에 의거한 허가 업종인지 아니면 단순히 신고만 하면 되는지를 확인하여야 한다. 예를 들어, 음식점의 경우 공중위생 관련 자격요건 및 시설기준 등을 점검해야 하며, 학교 근처에서 영업할 경우 사행업종은 금지되어 있으므로 행정규제 내용들을 확인하여야 한다.

사업형태는 개인사업자 혹은 법인사업자에 따라 갖추어야 할 요건이 크게 다르다. 개인사업자 형태로 회사를 설립할 경우는 사업 인허가와 사업자등록만

하면 되지만, 법인의 경우는 법인설립 등기를 하고 법인등기부 등본을 첨부하여 법인설립 신고와 사업자등록을 신청하여야 회사가 설립된다. 법인설립의 경우에는 법정 등기사항이 복잡하고, 신고 사항이 많고, 회사 운영과 관련한 회계처리기준 등이 엄격하므로 이러한 법적요건에 흠결이 없도록 세심한 점검이 필요하다.

### ❸ 입지선정과 개업 준비

서비스 업종의 입지선정은 고객에게 서비스를 제공하기에 얼마나 편리한 장소인지를 결정하는 것이 핵심이다. 즉, 고객이 쉽게 접근할 수 있는 장소를 찾는 과정이다. 서비스의 종류에 따라 고객이 찾아오는 업종인 경우는 가급적 교통이 편리하고 찾기 쉬운 곳을, 서비스 제공자가 고객을 찾아가는 업종이라면 임대료 등 공간 비용의 문제도 고려하여 다소 입지가 좋지 않아도 무방할 것이다.

입지선정이 완료되면 개업에 필요한 필요 인력을 충원하고 각종 설비 등을 마련함으로써 창업 개시에 들어가게 되는데, 본격적인 영업활동을 시작하기 전에 필요한 관리, 영업직원을 충원하여 조직을 구성한다. 회사 실정에 맞는 조직이 구성되면 종업원 및 영업사원에 대한 교육 훈련과정을 거친 후 본격적인 상품생산과 영업활동에 돌입하게 된다.

[그림 4-1] 서비스업 창업절차

## 2. 유통업 창업

도소매업은 흔히 유통업이라 하는데 1차 산업, 즉 농림, 축산, 수산물과 2차 산업인 광공업 제품을 소비자에게 직접 판매하기까지의 과정을 맡아서 하는 업종이다. 도매업은 생산물을 최종 소비자가 아닌 소매업자에게 판매하는 것을 의미하며 소매업은 생산자 또는 도매업자로부터 매입한 제품을 최종 소비자에게 판매하는 활동이며, 생산자나 도매업자가 최종소비자에게 직접 상품과 이에 수반되는 서비스를 판매하는 행위도 소매업에 속한다.

### (1) 유통업의 특징

도소매업은 제조업이나 서비스업에 비해 비전문가도 비교적 창업하기에 용이하며 창업절차가 간단하다. 업종 특성상 인허가 사항이 적으며 창업절차가 단순하기 때문에 일반적으로 점포를 확보하고 사업자등록을 하면 바로 영업을 할 수 있다. 제조업처럼 공장설립에 따른 복잡한 절차가 필요없으며 일반적으로 소규모로 시작하기 때문에 법인설립절차가 필요 없는 경우가 대부분이다.

그러나 곡물, 담배와 같은 유통질서 확립이 필요한 업종의 경우 전문지식과 자격요건을 규정하고 있는 경우가 있으므로 창업하고자 하는 업종이 법적으로 인허가 및 등록 혹은 신고가 필요한 업종인지 여부를 파악하여 준비해야 한다. 도소매업의 경우도 창업을 준비함에 있어 사업아이템 선택, 입지선정 및 자금조달 방법 그리고 상권분석과 영업방법 등에 대한 세밀하고 종합적인 점검이 필요하다.

## (2) 유통업 창업 절차

### ❶ 사업타당성 검토

서비스업 창업과 마찬가지로 사업아이템을 대상으로 관련 정보와 전문가의 조언을 바탕으로 자기 적성에 맞는지 적합도를 분석하고, 사업입지, 시장성과 판매전망, 수익성 및 경쟁관계와 위험성을 점검하여 사업아이템을 최종적으로 선택하여야 한다. 사업아이템이 선정되면 사업의 유형, 즉 업태를 결정하여야 하는데  먼저 도매업인가, 아니면 소매업인가를 비롯하여 대리점, 체인점, 독립점, 전문점 등 점포 운영형태를 결정하여야 한다.

자금조달과 운용계획에 대해서는 먼저 정확한 소요자금을 산정해야 하며 사업에 잠재되어 있는 문제점과 향후 발생 가능한 위험요소를 분석하고 자금의 용도와 필요시기도 고려하여야 한다.

창업초기의 소요자금은 주로 점포 임대보증금, 권리금, 시설비, 상품구입비, 직원급여, 점포유지비, 물류비와 각종 공과금이며, 보통 6개월 내지 1년 정도의 운영자금을 확보하고 있어야 한다.

### ❷ 입지선정과 점포계획

유통업창업 시 가장 중요한 핵심요소 중 하나는 점포 입지선정이다. 유통업의 기본적 특성은 소비자와의 직접적인 접촉에 의해 구매가 이루어지므로 점포입지가 창업 성공의 70% 이상을 차지한다. 유통업 중 소매업의 경우 점포 입지는 버스노선, 지하철 등 교통이 편리한 지역과 다수의 소비자를 유인할 수 있는 시설이 주변에 존재하고 기존 상권이 형성되어 있는 곳이 경험이 적은 창업자에게 유리하며, 유통업 중 도매업인 경우는 유사업종 상권이 형성된 곳을 선정하는 것이 유리하다. 최근 번창하고 있는 인터넷 판매나 통신판매 같은 경우는 사무실만 확보하고 별도의 점포를 갖추지 않고도 창업을 할 수 있어 입지선정에 부담을 덜 수 있다.

점포시설은 고객의 구매욕구를 높이기 위해 내부·외부디자인 및 인테리어 등을 업종과 상품구색 갖춤에 어울리도록 설계하여야 하며, 조명, 색체, 디스플레이는 고객으로 하여금 상품에 시선을 끌게 하고 구매심리를 적극적으로 유발시키는 것이 중요하다.

### ❸ 개업준비

유통업 등 판매업은 업무특성상 직원 이직율이 높고 고용의 정착성이 높지 않아 창업 시는 가급적 직원의 수를 최소화하고 임시직이나 파트타임 직원을 최대한 활용하는 것이 유리하며 특별히 경험이 풍부하거나 유능한 직원이 필요하다고 판단될 경우는 사전에 채용조건을 결정하도록 준비하여야 한다.

상품진열은 고객의 시선에 구매하고자 하는 상품이 가장 잘 보이도록 진열하는 것이 중요하며, 고객이 원하는 상품구색을 충분히 갖추고, 적정수준의 재고수준을 유지하기 위해 재고관리를 염두에 두어야 한다. 한편 점포 개업을 전후하여 광고, 홍보 및 인적판매 활동을 전개하는 등 창업초기 성공적인 출발이 될 수 있도록 적극적인 마케팅 활동이 필요하다.

[그림 4-2] 유통업 창업절차

# 3. 프랜차이즈 창업

프랜차이즈(franchise)란 체인본사(franchisor)와 가맹점(franchisee) 사이의 계약관계를 통해 영업권을 이용하여 상품 또는 서비스를 판매하거나 영업을 할 수 있는 권리를 부여받아 사업을 영위해 나가는 형태를 말한다.

체인본사는 가맹점에게 해당 지역 내에서의 독점영업권을 부여하는 대신 본사가 취급하는 상품, 광고, 인테리어 및 서비스 등을 관리하고, 가맹점에 대한 교육, 경영지도, 판촉지원 등 경영에 필요한 모든 노하우를 제공한다. 이에 반해 가맹점은 체인본사에 가맹비, 로열티 등의 일정한 대가를 지불하고 가맹점 사업에 필요한 자금을 직접 투자해서 독립된 사업을 영위한다. 결국 프랜차이즈 비즈니스란 본사와 가맹점 간 수평적인 협력사업 형태라고 할 수 있다.

## (1) 프랜차이즈 창업절차

프랜차이즈는 창업에서부터 경영에 이르기까지 모든 과정을 본사에서 책임을 지고 지원해 주므로 예비창업자나 초보창업자들이 누구나 쉽게 창업을 할 수 있는 특징이 있다. 그러나 성공적인 창업을 위해서는 창업업종 선택, 입지선정, 상권분석 및 투자계획에 이르는 창업 준비과정과 창업 후 체인본사와의 운영과정, 즉 마케팅, 고객서비스, 영업활동이 유기적으로 진행되어야 한다. 프랜차이즈 창업 절차는 다음과 같다.

### ❶ 적합성 검토

해당 업종이 자신의 성향에 맞는지, 해당 아이템에 대해 잘 이해하고 있으며 유망한 업종인지, 사업을 시작하는 데 필요한 자금조달은 가능한지, 프랜차이즈업의 장단점은 잘 파악하고 있는지 등 적합성을 사전에 충분히 검토하여야 하며, 필요한 경우 전문가의 컨설팅을 받는 것도 필요하다.

### ❷ 체인본부 선정

업종이 선정되면 그 업종에 적합한 체인본부를 탐색하는 과정이다. 여러 체인 본부의 조건, 즉 공급조건, 반품조건, 대금결재, 가맹점 면적, 보증금의 종류, 로열티와 인테리어 비용 등을 조사하여 비교·검토하고, 가장 유리하다고 판단되는 체인본부를 선정한다. 신규 프랜차이즈의 경우 본사의 무분별한 체인점 확장 목적에만 급급하여 피해를 보는 사례가 있으므로 신중히 검토하여야 한다. 체인점 수가 너무 많아 본사의 관리능력에 문제가 있거나 반대로 체인점수가 너무 적어 사업성에 문제는 없는지, 해당 상권의 영업권을 보장해 주는지 여부 등도 확인하여야 한다.

### ❸ 사업타당성 분석

체인본부가 선정되면 그에 대한 사업타당성 분석을 실시하여 긍정적인 결과가 나오면 사업을 시작한다. 만일 점포 입지선정이 먼저 이루어진 경우, 해당 점포입지에 적합한 업종과 유리한 체인본사를 선정하여야 하며, 선정된 본사에 대한 사업타당성 분석을 실시하여야 한다.

프랜차이즈 창업 시 가장 중요한 사항은 가맹점계약에 따른 소요비용 산정이다. 프랜차이즈 본사의 주 수입원은 가맹비와 로열티인데, 가맹비는 프랜차이즈 본사의 브랜드나 경영 노하우를 제공하는 것이기 때문에 납부하면 돌려받지 못하는 돈이다. 로열티는 프랜차이즈 본사가 지속적으로 제공하는 각종 서비스와 혜택에 대하여 지불하는 비용이고, 브랜드 파워를 가진 프랜차이즈의 경우는 브랜드를 사용하는 권리에 따른 비용이다. 이 외에도 프랜차이즈 가맹점 개설 시 본부에 납부하는 비용 중 가장 큰 것이 인테리어 비용인데, 이 비용은 인테리어 수준에 따라 달라지며 대부분 체인점 제곱미터당 가격으로 산정한다.

[그림 4-3] 프랜차이즈 창업절차

### (2) 프랜차이즈 창업 시 검토사항

① 프랜차이즈 창업아이템

② 프랜차이즈 본사에 대한 신인도

③ 대금결제, 로열티, 가맹비 등 계약조건

④ 물류시스템, 영업권 보장 여부

⑤ 가맹점 수 적정성 및 마진율 정도

⑥ 가맹점에 대한 지원항목 및 조건

⑦ 체인본사 자체의 특별 노하우 보유 여부

⑧ 물품공급, 재고처리, 보증 및 분쟁해결 방법 등

### (3) 프랜차이즈 창업의 장단점

일반적으로 프랜차이즈 창업의 장단점은 다음과 같이 요약할 수 있다.

| 장 점 | 단 점 |
|---|---|
| 1. 초보자도 노하우 전수로 손쉽게 창업 가능<br>2. 단독 창업에 비해 실패 가능성이 낮음<br>3. 사업기간을 최대한 단축하여 창업 가능<br>4. 본사 브랜드 인지도 효과 및 홍보의 용이성 | 1. 본사와 가맹점 간 계약상 종속화 우려<br>2. 가맹비와 로열티 지불에 따른 경제적 부담<br>3. 체인본사 이미지 하락 시 동반 매출액 감소<br>4. 시장변화, 고객변화에 탄력적 대응 어려움 |

## 4. 인터넷 비즈니스 창업

인터넷을 통해 사업자와 고객 간에 일어나는 거래를 인터넷 비즈니스(internet business)라고 한다. 최근 웹(web)환경의 발달로 인터넷을 이용한 상품이나 서비스의 구입과 판매에 한정하지 않고 마케팅활동, 정보제공, 인력제공, 쇼핑몰 운영 등 다양한 사업을 할 수 있는데, 인터넷 비즈니스 중에서 상품 카탈로그와 장바구니(쇼핑 카트), 결재시스템을 구성하여 상품이나 서비스를 거래하는 것을 전자상거래라고 한다. 인터넷 비즈니스 창업 방법과 절차에 대하여 알아본다.

### (1) 사업타당성 분석

인터넷 비즈니스 창업도 인터넷을 이용한 환경에 적합한 아이템 선정이 먼저 이루어져야 한다.

아이템 선정이 결정되면 다음 단계는 목표 고객에 대한 분석과 시장규모, 매출 및 수익성 분석이다. 이러한 사업성 분석이 이루어지면 창업하고자 하는 아이템과 관련하여 경쟁관계에 있는 다른 쇼핑몰이 있는지를 검토해야 한다. 경쟁사이트를 분석하여 점검 요점을 적은 체크리스트를 작성하여 경쟁우위를 확보할 수 있도록 전략을 세워야 한다.

① 웹 페이지 레이아웃 디자인

② 웹 페이지의 크기 및 메뉴

③ 다운로드 속도 및 기능

④ 주요 심리적 유인요소

⑤ 검색 내비게이션

⑥ 마케팅 방법

⑦ 수익구조

### (2) 콘텐츠 기획과 사이트 구축

콘텐츠는 인터넷 사이트 관리자 입장에서 사용자들에게 전달하고자 하는 내용과 사용자들을 사이트로 유인하는 중요한 내용이다. 콘텐츠는 인터넷 사이트의 목적이 무엇이고 대상고객이 누구냐에 따라 달리 만들어야 한다. 콘텐츠와 기능들의 목록이 결정되면 관련이 있는 기능과 콘텐츠로 범주화하여 묶는 작업을 해야 하며, 그다음 단계는 인터넷 사이트 구조를 구성하여야 하는데 고객의 입장에서 편리하게 찾아갈 수 있도록 논리적이어야 한다.

### (3) 인터페이스와 내비게이션 기획

사용자 인터페이스(user interface)는 고객들의 행동을 유도하거나 반응을 촉진하기 위한 디자인이어야 한다. 따라서 이를 구성하는 시각적인 요소와 전달방법이 중요하다. 인터페이스는 색상, 그래픽, 레이아웃, 체크박스, 스크롤 바, 하이퍼링크, 버튼 및 문자들과 같은 다양한 요소들을 이용하여 사용자의 이동경로를 결정한다. 사용자의 인터페이스가 성공적이기 위해서는 먼저 사이트의 목적에 맞게 인터페이스가 구축되어야 하고, 사용자들로 하여금 혼란을 주지 않도록 전체적인 레이아웃이나 내비게이션 방법 등에서 일관성을 유지하여야 한다.

내비게이션은 인터넷 사이트에서 사용자들의 이동과 관련한 내용이다. 사이트 이동경로나 방법 또는 다른 웹 페이지로 이동할 수 있게 하는 링크일 수 있고 또는 다른 메뉴로 연결된 메뉴박스나 이전 페이지로 돌아갈 수 있게 하는 버튼 및 다음에 방문해야 할 아이콘 등을 의미한다. 이러한 내비게이션은 논리적이며 직관적으로 만드는 것이 가장 중요하다.

### (4) 목표시장과 수익모델 설정

인터넷 비즈니스 창업의 경우 특성상 매출대비 순이익이 상대적으로 낮기 때문에 한 분야에 집중적으로 투자하기보다는 다양한 아이템으로 사업을 확장하여 수익성을 높이고자 하는 사업주들이 많다. 최근 인터넷 비즈니스 분야는 경쟁이 가장 치열하여 수익모델을 구축하기가 쉽지 않다. 많은 창업자들이 독특한 아이템으로 인터넷 시장에서 승부하려고 하지만 수익창출에 대한 구체적인 대안을 가지고 있는 경우가 많지 않다. 인터넷 비즈니스에서 실패하는 경우의 대부분은 단발적인 아이디어와 기술로 단기적인 이익창출에만 몰두하기 때문이기도 하다. 따라서 인터넷 비즈니스 창업 전문업체로서 명확한 시장포지셔닝(market positioning)과 함께 이를 바탕으로 한 비즈니스 수익모델 설정이 필요하다.

### (5) 인터넷 비즈니스 창업 시 고려사항

인터넷 비즈니스 창업의 성공 여부는 적정한 업종선택, 상품성과 사업파트너, 정확한 시장예측과 창의력이다. 인터넷 비즈니스 창업에서 성공하려면 다음과 같은 사항을 고려하여야 한다.

#### ❶ 창업 콘셉트(concept)의 재확인

인터넷 비즈니스 창업의 가장 중요한 포인트는 자신이 취급하는 상품과 서비스의 콘셉트를 명확히 설정하고 사업타당성 분석을 통한 철저한 준비와 장기적인 안목으로 시장을 개척하는 일이다.

#### ❷ 사용자 중심의 웹사이트 구축

인터넷 비즈니스는 사업 특성상 웹사이트를 방문한 고객이 마음에 들지 않으면 바로 접속을 꺼려 하기 때문에 고객의 입장에서 편리하고 쉽게 접근할 수 있도록 설계하고 구축하여야 한다.

### ❸ 프로세스 중심의 웹사이트 구축

사용자에게 최적의 만족을 제공할 수 있도록 하기 위해서는 콘텐츠를 지속적으로 업데이트하고 웹사이트를 프로세스 중심으로 설계하고 구축하여야 한다.

## 5. 콘텐츠 창업

요즘 가장 주목받는 분야인 '콘텐츠 창업'이란, 게임, 음악, 패션, 오락, 캐릭터, 만화 등 문화상품 외에 일반상품이나 서비스 콘텐츠를 개발하여 플랫폼(채널)을 통해 판매하는 분야를 말한다. 어떤 상품을 개발한 뒤 사업을 시작하는 기존 창업방식과는 달리 블로그, 인스타그램, 유튜브 등을 활용하여 고객을 확보한 다음 서비스를 판매하여 수익을 창출하는 방식이다. 콘텐츠 창업은 리스크가 비교적 적고 초기 투자비용이 많이 들지 않는 장점이 있으며 독특한 아이디어로 꾸준한 수익을 기대할 수 있는 특징이 있다. 이는 어린이, 청소년뿐만 아니라 중장년 시니어까지 심지어 전 세계를 대상으로 다양한 콘텐츠를 제공할 수 있다면 그 수요는 무한하다 할 수 있다.

### (1) 콘텐츠 창업의 기본요건

#### ❶ 플랫폼 선택하기

블로그, 인스타그램 혹은 유튜브 등 콘텐츠를 전달할 핵심채널을 구축하는 일이다.

### ❷ 콘텐츠 아이템 구상

모든 분야가 그렇듯 내가 좋아하고 자신 있는 분야의 차별화된 틈새 콘텐츠를 찾는 일이다.

### ❸ 수익모델 만들기

콘텐츠 구독, 스폰서 확보, 또는 광고 비중을 어느 정도로 가져갈 수 있는지를 분석하고 어떻게 수익을 창출할 수 있을지를 고민하여야 한다.

## (2) 콘텐츠 창업의 성공조건

- 어떤 관심사를 가진 사람들을 대상으로 할 것인가?
- 양질의 콘텐츠를 내가 지속적으로 제공할 수 있는가?
- 결정된 콘텐츠를 통해 어떻게 수익을 창출할 것인가?
- 초기에 어떤 채널을 활용하는 것이 효과적인가?
- 콘텐츠를 어떠한 채널을 통해 확장해 나갈 것인가?

## 유튜브 창업의 수익규모는?

• 유튜브 창업으로 수익이 창출되는 기본 필수 요건은?

1) 우선, 1년간 구독자 수가 1,000명이 넘어야 하고
2) 둘째, 채널의 연간 시청시간이 4,000시간이 되어야 하며,
3) 셋째, 만 18세 이상이거나 법적 보호자의 동의가 필요하며,
4) 넷째, 채널 활성상태의 커뮤니티 가이드 위반이 없어야 한다

• 유튜브 창업으로 월 100만 원의 수익을 올리기 위한 조건은?

유튜브 수익을 계산하는 방법은 다소 복잡한데, 수익에 영향을 주는 요소로는 구독자, 조회수, 시청시간, 구독자 연령, 성별, 지역 등이 있다. 주된 수입원이 되는 콘텐츠의 짧은 영상은 조회수 1회당 1원 정도, 10분 이상의 영상은 조회수 1회당 2~3원의 수익이 발생한다.

• 따라서 구독자보다는 영상의 조회수와 시청시간이 중요하다는 것을 알 수 있는데, 물론 구독자가 많아야 조회수와 시청 시간이 높아져 수익이 올라갈 수 있는 것이다. 이러한 알고리즘과 다양한 요소들로 인해 계산하기는 쉽지 않으나, 단순하게 보자면 구독자 1,000명이면 월 100달러, 2,000명이면 월 200달러, 10,000명이면 1,000달러로 보면 무난하다.

• 결국, 구독자와 구독시간을 높이기 위해서는 양질의 정보를 제공하거나 좋은 콘텐츠를 만드는 것이 중요하다고 할 수 있다.

# 2 창업지원제도

## 1. 창업지원제도의 내용

창업지원제도는 크게 두 종류가 있다. 하나는 창업에 필요한 가장 중요한 요소인 자금을 지원하는 정책자금지원제도와 창업을 촉진하고 창업 중소기업을 건전하게 육성하기 위한 자금지원제도 이외의 각종 정책적 지원제도가 있다.

이를 위해 정부에서는 창업기업 설립을 지원하고 투자를 촉진하여 중소기업이나 벤처기업 중심의 산업구조를 통해 국가 경쟁력을 높이고 고용창출을 목적으로 「창업지원법」을 제정하여 시행하고 있다. 창업지원제도의 내용으로는 크게 창업자금지원제도, 창업기업 설립지원제도, 행정지원제도 및 창업기업 조세지원제도가 있다.

## 2. 창업자금 조달 방법

창업에 따른 소요자금 규모가 결정되면 이를 조달할 수 있는 방안을 마련하여야 한다. 창업자금 조달은 크게 자기자금과 타인자금으로 구분할 수 있으며 자기자금은 창업자가 가지고 있는 현금이나 현물을 의미하고, 타인자금은 외부에서 조달하는 모든 차입금을 말한다. 차입금은 현금이 아니더라도 현물이나 시설을 빌려 와서 쓸 수도 있다.

이러한 차입금은 이자나 원금상환 조건이 있어 이자를 내야 하고 상환기일에 원금도 돌려줘야 하기 때문에 자금조달 계획 시 차입금 규모나 상환방법 등을 신중히 검토해야 한다.

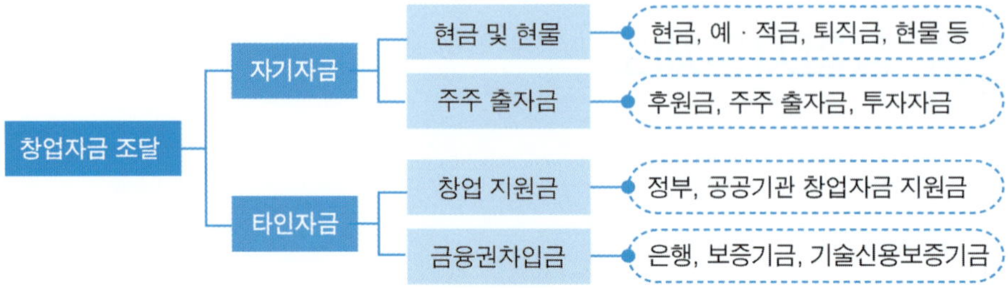


**[그림 4-4] 창업자금 조달방법**

## 3. 창업자금지원제도

정부나 공공기관 지방자치단체 그리고 금융기관에서는 창업에 소요되는 자금의 원활한 공급을 위해서 금융부담을 완화시켜서 창업에 성공하도록 자금을 지원하고 있다. 자금지원은 소규모 일반창업자뿐만 아니라 특별히 국가가 정책적으로 지원이 필요한 창업에 대해서는 일반금융보다 훨씬 유리한 조건으로 지원하고 있는데, 이를 정책자금이라 한다.

### (1) 소상공인 창업자금

창업자금이 부족하거나 조달여력이 없는 서비스업, 도소매업 및 소규모제조업 창업자가 소상공인 지원센터와 중소기업진흥공단에서 지원받을 수 있는 자금으로 업체당 지원한도는 일반적으로 1억 원 이내이다.

신청자는 사업자등록증 사본, 임대차계약서 사본, 부가세 신고내역과 추천신청서 및 사업계획서를 창업자금 신청서류와 함께 소상공인지원센터에 제출하면 된다.

소상공인지원센터는 상담과 서류심사를 통해 창업신청자의 경영능력, 사업실현 가능 타당성, 자금 조달 능력 및 신청금액 적정성을 평가하여 보증추천서를 발급해 준다. 이 보증추천서를 통해 해당 지역에 있는 신용보증재단에 제출하고 보증서를 발급받아 금융기관에 가서 필요한 자금을 대출받을 수 있다.

### (2) 창업기업 지원자금

제조업, 건설업, 운송업, 광업을 영위하는 자에게 지원하는 기업육성자금이며, 사업개시일로부터 7년 미만의 중소기업으로 창업을 준비하는 자에게 중소기업진흥공단에서 지원하는 자금이다.

이 자금의 지원범위와 조건은 사업장 건축이나 사업장 확보(매입, 경매, 인수, 합병)에 소요되는 자금과 생산설비, 검사장비도입 등 시설자금 그리고 창업에 소요되는 운전자금, 제품생산비용 및 기업경영에 소요되는 자금이다.

### (3) 청년창업 지원자금

우수한 창업아이템이나 아이디어를 보유한 청년들에게 창업을 촉진할 목적으로 지원되는 자금인데, 이 창업자금은 창업교육과 컨설팅을 패키지 형태로 지원되는 것이 일반적이다.

지원대상은 문화콘텐츠업, 지식서비스업 및 신규제조업을 영위하려는 39세 이하의 예비 창업자 및 창업한 지 3년 미만의 기업에 해당된다. 이 자금 신청자는 사업계획서를 첨부하여 자금을 신청하면 접수와 동시에 창업교육과 컨설팅 실시 결과를 통해 사업타당성을 평가받아 적합 판정을 받으면 지원대상자로 결정된다. 이 자금은 중소기업진흥공단에서 직접 운영하는 융자상환금 조정형과 취급은행에서 운영하는 민간금융매칭형 두 가지가 있다. 다만, 창업과 기업경영에 소요되는 운전자금에 한해서 1개 기관을 통해서만 지원받을 수 있다.

## (4) 우수발명품 제작지원

아이디어를 이용하여 창업하고자 하는 경우, 특허청과 한국발명진흥회에서 특허기술 사업화에 앞서 등록특허, 등록유지 결정된 실용신안, 등록디자인을 보유하고 있지만 작품 제작비용이 부족한 창업자에게 작품 제작비용을 지원하는 자금이다.

이 외에도 발명의 기술성, 사업성 구축 및 평가에 소요되는 평가수수료를 지원하는 자금과 특허가치평가에 의한 사업화 자금지원이 있는데, 이 자금은 특허청과 한국발명진흥회가 한국산업은행, 기술보증기금과 연계하여 특허기술 가치평가와 우수특허기술에 대하여 자금을 지원하고 있다.

## (5) 지방자치단체의 창업지원 자금

우리나라 각 지방자치단체는 지방 중소기업의 육성발전 및 창업의 활성화를 위하여 해당 지역의 창업자를 위하여 창업자금을 지원하고 있다. 지자체의 각 시와 도에서 지원하는 창업자금은 중앙정부와 지방자치단체가 50:50으로 자금을 조성하여 창업 후 2년 이내의 기업을 대상으로 최장 8년 이내에서 저리로 자금을 지원하고 있는데, 각 시 · 도 지방자치단체별로 창업자금 종류, 지원대상, 금액 등 지원조건이 다양하므로 창업자금을 지원받으려면 해당 지자체 담당부서로 문의하여 자세한 사항을 알아보아야 한다.

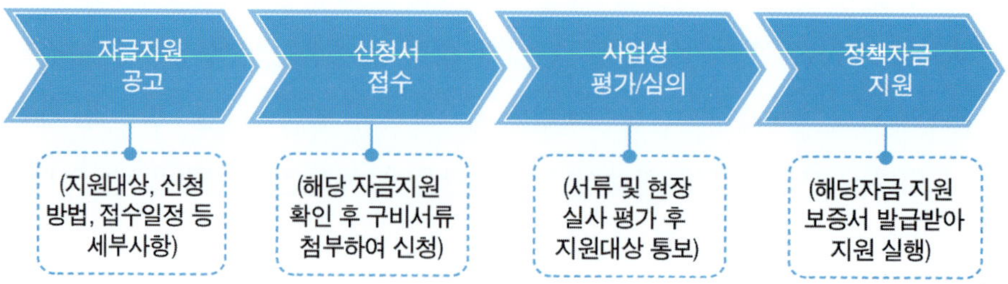


[그림 4-5] 정책자금 지원 절차

## [참고] 창업지원금 종류(최근 3년간 기준)

2022년도 기준으로 예비창업자, 청년창업자, 초기창업패키지 등 상환의무가 없는 창업자금과 상환의무가 있는 정부기관 창업지원자금 등으로 구분해 볼 수 있는데 창업자금 지원제도는 해마다 약간씩 변경되고 있으므로 해마다 발표되는 정책을 잘 체크하여 활용하여야 한다.

### [비상환형: 상환의무 없음]

**1) 예비창업자 창업지원자금**

예비창업자에게 지원해 주는 자금이며, 약 1억 원까지 지원된다. 지원대상은 창의적인 기술기업으로 하며 기술은 꼭 IT일 필요는 없다. 사업자가 부담하는 자부담이 없다는 장점이 있으며 인건비, 개발비, 마케팅비, 지식 재산권 확보, 재료 구입비 등으로 사용할 수 있다. 사업 기간은 총 8개월이고 전문 멘토의 경영 컨설팅 및 창업 교육도 지원된다.

**2) 청년창업성공 지원자금**

창업 3년 이내 사업자를 대상으로 하는 창업자금이며, 예비창업 패키지를 수행한 창업자도 신청이 가능하다. 총 1억 원까지 지원되고, 총사업비의 70%까지 지원한다. 즉, 30%는 창업자 본인부담이다.

전국 18개 청년 창업사관학교에 입교하여 사업을 해야 하며, 입교 후 센터에서 창업자 교육과 사업관리를 한다는 특징이 있으며 매년 약 천 명 정도를 선발하며 1년 후 후속 지원도 받을 수 있다.

**3) 초기창업패키지 지원자금**

창업 3년 이내 사업자 대상이고 총 1억 원까지 지원한다. 해당사업비의 70%까지 지원하며 일반창업 아이템 분야 기업과 전략창업(그린환경, 그린에너지) 분야에 집중 지원되고 창업사관학교에 입교는 하지 않아도 된다.

**[상환형: 상환의무 있음]**

**1) 중소벤처기업진흥공단**

주로 제조기업들이 많이 이용하며, 이 자금은 공단에서 기업에게 직접 대출 실행하는데 초기 기업은 1억 원까지 대출해 준다.

**2) 기술보증기금**

주로 기술 기반의 기업들에 지원되는 자금인데 기술보증기금은 보증서를 발급해 주고, 대출은 은행에서 보증서를 담보로 대출을 하게 된다. 따라서, 연체 시에 은행은 기술보증기금을 청구하고, 기술보증기금이 사업자에게 구상권을 행사하게 된다. 초기 기업은 1억 원까지 대출해 주며 법인인 경우 대표이사의 연대보증은 필요 없다.

**3) 지역신용보증재단**

주로 소상공인이나 소규며 기업들이 이용하는 자금으로서 초기 기업은 약 5천만 원까지 대출해 주며 역시 법인인 경우 대표이사 연대보증은 필요 없다.

**4) 소상공인진흥공단**

소상공인들에게 직접 대출을 해 주며 보증서 발급 후 은행에서 대출받는 간접대출도 있다.  소상공인 대상 성장 단계별 지원자금을 신청할 수 있다.

## 4. 기타 창업지원제도

창업자금 지원제도 외에 기술과 사업성을 가지고 있으나 사업장이나 창업부지 또는 시설을 확보할 수 없는 창업자에게 창업입지선정, 창업보육센터, 벤처창업타운, 연구소 내 공장설치 등을 통해 창업이 원활하게 진행될 수 있도록 하는 제도이다.

### (1) 창업 입지지원

「창업지원법」에 의거 중소기업 창업자가 제조업을 영위하기 위해 국가, 지자체, 농공단지가 아닌 개별입지에 공장을 설립하고자 하는 경우 농지, 산림, 환경 등에 의해 개별적으로 받아야 하는 복잡한 인허가 사항을 일괄 처리함으로써 절차를 간소화하여 공장설립을 지원하는 승인제도이다.

신청대상은 창업한 지 5년이 경과하지 아니한 사업자로, 제조업종 공장을 설립하고자 하는 자로 창업 사업계획 승인을 받으려면 시 · 군 · 구청에 설치된 중소기업 창업민원실에 비치되어 있는 창업사업계획 승인신청서에 관련 서류를 첨부하여 시장, 군수, 구청장에게 제출하면 되는데 창업사업계획승인신청 서류는 다음과 같다

- 사업계획 승인신청서
- 사업계획서
- 사업예정지 지적도
- 부동산 권리자의 사용동의서

### (2) 창업보육센터

창업보육센터(Business Incubator; BI)는 창업자나 창업 후 사업을 운영하는 사업자들에게 창업 및 경영전반에 대한 전문가와 시설을 갖추고 창업을 지원하는 기관이다. 기술과 사업성은 있으나 자금과 사업장 및 시설확보에 어려움이 있는 창업자나 예비창업자에게 개별 또는 공동시설을 저렴하게 제공함과 아울러 창업정보, 경영, 세무, 기술지도 등을 통해 창업에 따른 위험부담을 줄이고 원활한 성장을 유도함으로써 성공적인 창업을 돕기 위해 설치된 기관이다.

이러한 창업보육센터는 대학의 기술지원, 벤처기업 공동연구 등을 목적으로 대학, 공공연구기관, 지방자치단체 및 민간기관 등 우리나라에 약 3백여 개가 설립되어 있다.

창업보육센터의 우선 입주대상은 벤처 또는 기술집약형 업종의 창업자와 예비 창업자이며 각 대학이나 기관의 특성에 적합한 업종에 따라 입주자격이 다양하다. 입주기간은 대부분의 경우 2년 이내이며 보육센터 운영기관과 협의하여 기간을 연장할 수 있다. 보육센터에 입주할 자격이 주어진 창업자는 다음과 같은 다양한 혜택을 누릴 수 있다.

첫째, 소자본 창업자나 예비창업자에게 창업 방법과 경영기법을 빠르게 습득할 수 있는 기회가 주어진다. 창업세미나 및 창업스쿨 등 교육기회를 통해서 혼자 독립적으로 준비하는 것보다 비용도 절약하고 빠른 시간 내에 효율적으로 준비할 수 있다.

둘째, 보육센터는 중소기업청 등 공공기관 등과 유기적인 관계를 맺고 있어 창업에 유용한 다양한 정보를 제공받을 수 있고, 다른 입주업체의 사업자와 관련 기관으로부터 많은 정보를 공유하여 활용할 수 있는 기회가 주어진다.

셋째, 각 분야의 전문가 pool을 활용할 수 있다. 각 보육센터에는 각 분야의 전문가로 구성된 인적 네트워크가 연결되어 있어 아이템의 사업성 분석, 사업계획서 작성, 특허출원 및 세금상담 등에 대해서도 전문가의 지도를 받을 수 있다.

넷째, 창업비용 등 사업 수행에 따른 비용을 절감할 수 있다. 센터에 입주하여 창업 시에는 저렴한 임대료 및 관리비와 함께 사무실 운영에 필요한 컴퓨터, 집기, 비품, 통신 인프라 등이 구축되어 있어서 이에 대한 구입 및 운영비용을 현저히 줄일 수 있다.

### (3) 벤처 창업타운 및 집적시설

벤처 창업타운은 벤처기업 육성을 촉진할 목적으로 우수한 기술과 전문인력이 풍부한 벤처기업과 창업투자회사, 금융기관, 신용보증기금을 동시에 입주하게 하여 우수한 아이템을 쉽게 창업할 수 있도록 각종 서비스를 원스톱으로 제공할 수 있는 창업인프라를 구축한 지역이다. 이곳은 특별히 벤처 창업기업에 적합한 입지를 저렴한 가격으로 공급함으로써 벤처기업 창업촉진 및 육성발전에 기여하고 있다.

벤처기업 집적시설은 교통, 정보통신, 연구시설, 금융 등 기능이 집중되어 기업 경영여건이 우수한 도심에 벤처기업이 단체로 입주할 수 있는 공간을 사전에 확보하기 위하여 민간빌딩 등을 벤처기업 집적시설로 지정하여 각종 지원을 실시함으로써 도심의 벤처 입지공간을 확대하기 위해 시행되는 제도이다. 이 외에도 아파트형 공장건립 공급, 중소기업 전용단지 조성 등이 있다.

## 5. 창업행정 및 인력지원 제도

중소 창업기업을 지원하기 위하여 정부 및 중소기업 관련 기관에서 창업자에 대한 창업컨설팅, 정보, 기술 인력 지원 등 각 분야별로 전담기관을 두어 행정적으로 지원하는 동시에, 우수한 기술인력이나, 교수, 연구원 등을 벤처기업 창업에 원할히 공급되게 하기 위해 각종 인력지원 제도가 있다.

### (1) 창업절차 간소화 제도

중소 제조업 창업을 위해 공장을 설립할 경우에 창업자는 인허가 절차 등으로 인하여 공장설립 착공이 지연되는 등 창업과정에 애로사항으로 작용하는 사례가 많았는데, 이러한 애로사항을 해결하기 위해 「중소기업 창업지원법」에 의거 창업사업계획 승인제도를 시행하여 중소 창업기업이 공장설립 이전에 시장, 군수, 구청장으로부터 승인을 받게 되면 공장설립과 관련된 30~60개에 이르는 법률과 인허가 사항을 일괄 처리할 수 있게 됨으로써 공장 설립절차가 간소화 되었다.

### (2) 창업정보 제공 제도

창업자 및 예비창업자에게 창업과 관련된 각종 정보를 제공하여 그들이 필요로 하는 유용한 정보를 신속하고 편리하게 활용하여 빠른 시간 안에 성공적인 창업이 이루어지도록 하는 기관과 단체들이 있다.

창업과 관련된 정보제공 기관으로는 중소기업청, 소상공인지원센터, 중소기업진흥공단, 중소기업창업투자회사, 중소기업창업투자조합, 중소기업상담회사, 상공회의소, 정보통신연구진흥원, 한국소프트웨어진흥원, 한국경영기술컨설턴트협회, 근로복지공단, 한국여성경제인단체 등 다양한 기관이 있다.

이 외에도 각 지방자치단체의 중소기업 민원실, 신용보증재단, 신용보증기금, 기술신용보증기금, 한국수출보험공사, 중소기업기술지원센터, 미소금융재단 등에서도 신규창업을 위한 각종 창업정보를 제공하고 있다.

### (3) 연구원, 교수 등의 겸직제도

「벤처기업육성에 관한 특별조치법」에 의거 정부출연 연구기관의 연구원은 그 소속기관장의 허가를 받아 벤처기업의 대표자 또는 임직원을 겸임 또는 겸직을 할 수 있는 제도이다. 이러한 제도의 목적은 대학 연구기능의 우수한 인력을 벤처기업 창업과 경영에 참여시켜 연구 및 개발에 기여하도록 함으로써 벤처기업 창업을 촉진하는 데 있다. 겸직대상은 국공립대학 및 사립대학 교원과 「한국과학기술원법」에 의한 국공립 연구기관의 연구원이며 겸직기간의 제한은 없다.

한편 앞에서 말한 대상자가 벤처기업을 창업을 하거나 벤처기업의 임원으로 근무하는 경우는 3년 이내에서 휴직할 수 있는 제도도 마련되어 있다.

### (4) 스톡옵션 및 병역특례 제도

스톡옵션(stock option)제도는 전문경영인이나 전문기술 보유자들을 기업이 고용하고자 하는 경우 많은 자금의 부담 없이도 기업과 당해 임직원의 이해관계를 일치시킴으로써 주인의식을 고취하여 성취의욕을 높이고자 하는 제도로서, 스톡옵션이란 주식매입선택권으로 회사가 임직원에게 자기회사 주식을 일정량 만큼 매입할 수 있는 권리를 부여하는 것이다. 이 제도를 도입하는 경우 스톡옵션에 대한 세제감면으로 벤처기업이 고급인력을 확보하고 경쟁력을 제고할 수 있도록 지원하는 것이다.

한편 벤처기업의 우수 기술인력을 확보하기 위한 벤처기업 부설연구기관에 대하여 병역특례 전문연구원 제도가 있다. 병역특례 전문요원으로 선발된 연구원은 병역특례지정업체로 선정된 벤처기업에 종사할 수 있으며, 의무종사기간 2년 이내에서 새로 선정된 병역특례지정 벤처기업으로 전직할 수 있다.

### (5) 조세지원제도

정부는 유망한 사업아이디어를 가진 자가 쉽게 창업할 수 있도록 절차를 간소화하고 금융 및 세제상 지원을 하고 있다. 창업기업이나 벤처기업에 투자한 금액에 대해서는 법인세, 소득세, 등록세, 재산세 및 개발이익부담금 등 관련 세금을 전액 면제해 주거나 일부를 감면하는 등의 조세지원을 하고 있다. 또한 창업자뿐만 아니라 창업자를 지원하는 기관인 창업투자회사를 비롯하여 투자조합 등에도 특별한 세제지원을 함으로써 이들 지원기관이 활성화되도록 뒷받침하고 있다.

〈표 4-1〉 창업 관련 조세지원제도

| 구 분 | 관련 법규 | 지원내용 |
|---|---|---|
| 법인세<br>(소득세) | 「창업지원법」 제25조<br>「조세특별법」 제6조 | • 수도권 내 기술집약형 중소기업 창업자는 3년간 50% 감면하고, 그다음 2년 내 종료하는 과세년도는 30% 감면<br>• 농어촌지역 중소기업 창업자 및 수도권 외 중소기업창업자는 창업 후 6년간 법인세(소득세)의 50% 감면 |
| 등록세 | 「지방세법」 제280조 | • 창업 후 2년 내 취득한 사업용 재산에 대해 등록세 면제<br>• 대도시지역 벤처기업 집적시설 입주 벤처기업에 대하여서는 등록세 3배 중과세 배제 |
| 취득세 | 「지방세법」 제280조 | • 창업 후 2년 내 취득한 사업용 재산에 대해 취득세 면제<br>• 대도시지역 벤처기업 집적시설 입주 벤처기업에 대해서는 취득세 3배 중과세 배제 |
| 인지세 | 「조세특별법」<br>제116조 | • 창업 후 2년간 금융기관 융자 관련 서류에 대해 인지세 면제 |
| 재산세<br>종토세 | 「조세특별법」<br>제121조 | • 창업 후 5년간 재산세 및 종합토지세 50% 감면<br>• 대도시지역 벤처기업 집적시설 입주 벤처기업에 대해서는 등록세 5배 중과세 배제 |
| 농특세 | 「농특세법」 제4조 | • 창업 중소기업 등의 소득세 또는 법인세, 취득세, 등록세 등의 세액감면에 대해서는 농특세를 부과하지 아니함 |
| 주식양도<br>차익 | 「조세특별법」 제13조 | • 「중소기업 창업지원법」에 의거하여 창업기업에 출자해서 발생한 양도차액에 대하여 비과세 |

Memo

# PART II

# 경영

기업을 창업하고, 그 기업의 목표를 달성하기 위해 노력하고, 이익이 나면 사회에 환원하기도 하는 모든 과정들은 경영의 연속된 과정이다. 개인기업이든 법인기업이든 창업한 이후에 꼭 필요한 활동 요소들이 경영인데 우리는 이를 '기업을 경영하다. 사람을 관리하다. 마케팅을 하다.' 등등 서로 다른 용어로 쓰고 있지만 사실은 경영, 관리, 마케팅, 목표달성, 세금절세, 사회봉사 등이 모두 기업 경영활동에 필요하면서도 운영되어지는 비슷한 용어들이다.

국어사전은 경영을 '기업이나 사업 따위를 관리하고 운영하는 것'이라고 말하는데 이 '경영(經營)'이란 말은 맹자에 나오는 '경지영지(經之營之)'의 줄임말로 "처음에 건물을 짓기로 계획하고 시작했는데, 뭇 백성들이 공력을 합하여 하루도 못 되어 그것을 만들었네. 임금이 처음엔 천천히 하려고 했으나 많은 백성들의 자식이 아버지 돕듯 달려왔도다."라는 뜻으로 쓰여 있다. 이는 결국 '계획하고 짓는 것'인데, 지금의 용어로 보면 경영인 것이다. 경영을 하게 되면 그 일을 서로가 힘을 합해 효과적으로 이루어야 한다는 것을 의미한다.

영문학에서는 경영(management)이란 비영리 조직 또는 영리적 조직을 관리, 운영하는 것을 말한다. 여기서 man은 손의 의미를 가지는 라틴어 Hand에서 유래된 말이다. '인간의 손(노동)이 필요한 곳, 정리 정돈을 하는 것 그리고 관리하는 행동'이라는 의미를 내포한다. 같은 개념의 단어로 Business Administration이 있는데 Administer은 '운영하다'라는 영어 동사로 '봉사하다'는 의미도 갖고 있다.

우리말과 영어, 한자 모두 경영에 대한 맥락은 같다. 어느 조직이든 관리하고 운영한다는 것은 결국 무언가를 이루고 싶다는 열망이 들어 있다. 공동의 목표를 향해 달려가는 것이 경영인 것이다. 큰 기업이든 작은 기업이든 그 목표와 경영활동 요소들은 비슷한 것이다. 특히 기업의 경영에 대한 책임은 영리 기업이든 비영리 기업이든 대표적인 책무는 사회적 공헌이다. 사회적 책임을 다하는 것이 기업(조직)의 의무라는 말은 그 경영의 책임을 뒷받침해 주는 것이다.

PartⅡ에선 경영과 기업문화, 인사관리와 조직관리, 마케팅과 고객관리 그리고 기초이론과 실제사례 등 경영 활동에 꼭 필요한 내용을 배울 것이다. 특히 전문가에게 맡긴다 하더라도 대표자가 반드시 알아야 할 내용을 구체적으로 알기 쉽게 정리함으로써 창업을 시작하는 대학생이나 청년들에게 도움이 되도록 하였다.

# Chapter 05

# 새로운 패러다임 4차 산업혁명과 경영

1. 산업혁명 역사
2. 4차 산업혁명의 새로운 기술
3. 4차 산업혁명과 경영

Chapter 05

# 새로운 패러다임 4차 산업혁명과 경영

세상은 우리가 생각하는 것보다 더 빠르게 변화하고 있다. 4차 산업혁명 시대를 맞이하면서 경영의 패러다임도 빠르게 변화하고 있다. 산업혁명이란 쉽게 이야기하면 기술혁신으로 인한 사회·경제 구조의 변화를 뜻하는데 기업의 경영도 산업혁명의 발전에 따라 크게 바뀌고 있다. 최근 우리가 맞이할 4차 산업의 10년의 변화는 과거 우리 조상들이 겪었던 100년의 변화보다 더 빠르고 다이나믹하게 다가올 것이다.

4차 산업혁명의 핵심 키워드는 융합과 연결이다. 정보통신기술의 발달로 전 세계적인 소통이 가능해지고 개별적으로 발달한 각종 기술의 원활한 융합을 가능케 한다. 정보통신기술과 제조업, 바이오산업 등 다양한 산업 분야에서 이뤄지는 연결과 융합은 새로운 부가가치를 창출해 낸다. 예를 들면, 최근 애플 워치, 삼성 기어가 유행이었는데, 이와 같은 스마트워치는 '하루에 잠은 얼마나 자는지' '밥은 무엇을 먹는지' 등 사람의 신체 활동 데이터를 축적한다. 스마트워치는 데이터를 스마트폰뿐만 아니라 냉장고, 전등, 텔레비전 등 다양한 기기들과 공유해서, 데이터가 축적되면 특정한 패턴이 형성되는 것이다. 이러한 기술의 혁신은 경영의 변화를 가져오는 것이다.

# 1 산업혁명 역사

## (1) 1차 산업혁명

1차 산업혁명은 와트(Watt)의 증기기관 발명과 함께 1760년대 영국에서 시작하였다. 영국은 다른 나라보다 일찍 봉건제도가 해체되었고 정치적으로 자유로운 농민층이 생기면서 이 노동자들이 농업이 아닌 생산직으로 많이 몰리게 되었다. 그러면서 자연적으로 모직물(양털)을 이용한 산업이 발달했는데, 18세기에 들어서면서 영국에 면직물 수요가 급증하자 와트의 증기기관을 계량하여 면직물을 대량 생산할 수 있는 공장이 만들어지고 면직물 생산의 제조공정이 완전히 바뀌게 되면서 대량생산이 가능하게 되었다.

기존의 생산방식의 경우 1명이서 옷 하나를 만드는 데 며칠이 걸렸으나 증기기관이라는 신기술과 방식을 이용하여 만든 대량생산기계를 통하여 대량생산체제로 제조 공정이 완전히 바뀌게 되는데 이것을 흔히 1차 산업혁명이라고 이야기 한다.

<기계를 이용한 면직공장>

## (2) 2차 산업혁명

2차 산업혁명은 흔히 전기 혁명이라고 하는데 1860년대부터 1900년대까지 전기의 발명과 그로 인한 생산 공정의 변화로 소비재가 대량으로 생산되게 되었고, 인류의 삶에 많은 영향을 끼치게 되었다. 전기로 인한 생산 공정의 변화는 식품을 비롯하여 의류, 가공, 넓게는 운송수단까지 영향을 주었다. 2차 산업혁명을 주도했던 회사는 미국의 자동차 회사인 포드사로서 전기를 이용해 차를 대량으로 생산하였고, 수요 공급의 원칙에 따라 차를 대량생산할 수 있으니 좀 더 저렴한 방식으로 자동차를 공급하게 되어 이 공급은 추후 운송수단까지 영향을 주었다.

<자동차의 대량생산>

원래 기존의 자동차 생산 방식은 부품을 쌓아 놓고 사람이 직접 조립하는 방식인데, 전기의 발명으로 인해 제조공정이 컨베이어 방식으로 바뀌게 되면서 컨베이어 벨트가 움직이고 사람은 그 앞에 서서 분업화식으로 하는 생산 공정이 바뀌게 되었다. 이것을 포드주의적 생산방식이라고도 하며 이 제조방식으로 인해 소품종 대량생산이 가능해지게 되었다.

소품종 대량생산으로 예전에 상상도 할 수 없던 물질적 풍요를 가져오게 되었다. 우리가 요즘 쉽게 접할 수 있는 옷이나 신발 등도 이 대량생산 제조공정 덕분에 쉽게 살 수 있었다. 이 소품종 대량생산은 컨베이어 벨트가 필수적인 요소였다. 2차 산업혁명의 핵심은 역시 전기의 발명이다.

**<컨베이어 벨트에 의한 대량생산>**

### (3) 3차 산업혁명

3차 산업혁명은 정보화 혁명이라고도 하는데 이 혁명의 중심은 컴퓨터이다. 컴퓨터가 생기면서 정보화 혁명이 시작된 것인데, 이로 인해 노동자도 많은 변화를 가져왔다. 기존에 노동자라 하면 육체노동이 대부분이었으나 이제는 사무직 노동자가 생기게 되었다. 또한 컴퓨터가 생기면서 인터넷이 발달하였고 이는 무한한 정보를 제공하면서 정보 통신이 발달하게 되고 컴퓨터 제어가 자동화가 되었다. 그러면서 좀 더 적은 인원으로 많은 생산이 가능하게 되었다. 3차 산업혁명으로 제조 공정에서 많은 부분이 자동화가 되었고 적은 노동력으로 생산성에 많은 향상을 이루게 된 것이다. 특히 인터넷의 발달과 스마트폰 모바일이 확산되면서 정보화혁명이라 불리는 시대가 되었다.

<컴퓨터를 활용한 제어장치>

## (4) 4차 산업혁명

4차 산업혁명의 사전적 의미를 보면 인공지능, 사물 인터넷, 빅 데이터 등 첨단 정보통신기술이 경제, 사회적 전반에 융합되어 혁신적인 변화가 나타나는 차세대 산업혁명이다. 4차 산업혁명의 시작은 독일의 Industry에서 처음 시작되었다. 흔히들 4차 산업혁명을 알파고나 무인자동차라고만 알고 있으나 그 시작은 독일의 한 공장에서였다.

이 공장과 기존 공장의 차이를 보면, 기존 공장은 컨베이어를 기반으로 하는 생산 공정을 가지고 있었는데, 이 시스템은 기존의 생산시스템을 완벽히 자동화하는 시스템으로 생산 현장을 변화시켰다. 예를 들어, 신발공장에서 신발을 50만 켤레 만드는 데 인원이 500명 정도 필요했다면 지금은 10명 정도만 있어도 충분히 가능해졌다. 이것은 노동시장에 엄청난 격변을 예고하고 있었다. 기존에 대기업 제조공장들은 생산비를 줄이기 위해 노동력이 싼 시장에 공장을 건립하여 생산하였는데 지금은 소수의 전문 인력으로 대량생산이 가능해진 것이다.

<컴퓨터와 로봇 시스템을 중심으로 운영되는 테슬라 자동차 조립 공장>

기존의 산업혁명과 4차 산업혁명의 차이점은 4차 산업혁명이 선진국들에게 유리한 혁명이라는 것이다. 기존의 산업혁명은 개발도상국가에게 유리한 혁명이었다. 값싼 노동력을 가진 국가들은 산업혁명을 이용하여 제조공정을 통해 대량생산이 가능하면서 물질의 풍요를 이루었으나 4차 산업혁명은 노동력이 아닌 제조업과 정보화가 잘 정비된 국가에게 매우 유리한 혁명이기 때문에 나라 간의 격차는 더욱 벌어질 수밖에 없을 것으로 보았다. 한국의 경우도 제조업과 IT가 강한 강국이기 때문에 4차 산업혁명에서 유리한 고지를 점령하고 있다.

또한 이 패턴의 분석 결과를 토대로 사람들의 행동을 예측하고, 기업들은 예측 결과를 바탕으로 소비자의 특성에 맞는 물건들을 생산해 낸다. 이처럼 4차 산업 혁명의 특징은 초연결성, 초지능성, 예측 가능성을 갖고 있다. 사람과 사물, 사물과 사물이 인터넷 통신망으로 연결되고, 초연결성으로 비롯된 막대한 데이터를 분석하여 일정한 패턴을 파악(초지능성)하고, 분석 결과를 토대로 인간의 행동을 예측(예측 가능성)하는 일련의 단계를 통해 새로운 가치를 창출해 내는 것이 바로 4차 산업혁명의 특징이다.

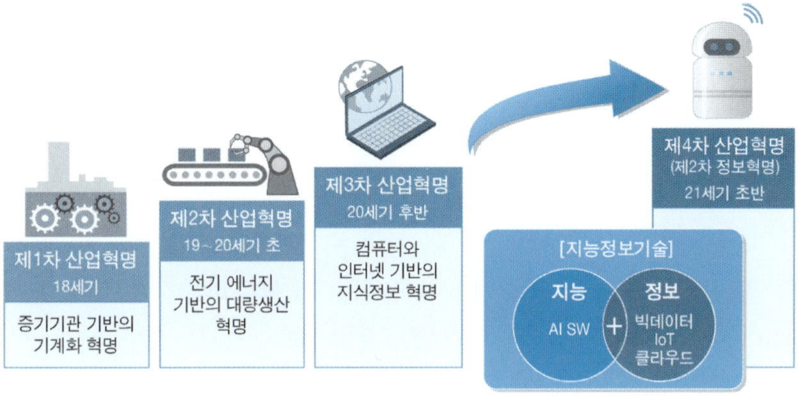


〈표 5-1〉 산업혁명의 발전사

| 구분 | 시기 | 주요 발전 및 산업화 |
|---|---|---|
| 1차 산업혁명 | 18세기 | 증기기관 기반의 기계화 혁명 |
| 2차 산업혁명 | 19세기~20세기 | 공장에 전력 보급, 컨베이어 벨트를 사용한 대량생산 |
| 3차 산업혁명 | 20세기 후반 | 컴퓨터와 인터넷의 발달, 자동화와 정보화 시대 |
| 4차 산업혁명 | 2015~ | 정보통신기술의 융합을 통한 차세대 산업혁명 |

## 2 4차 산업혁명의 새로운 기술

산업혁명은 새로운 기술이 등장하여 산업의 형태를 변화시키고 그에 따라 사회의 모습이 변화하는 현상인데, 4차 산업혁명의 새로운 기술 중심에는 3차 산업혁명을 이끈 정보통신 기술을 바탕으로 등장한 정보 기술과 인공지능 기술이 합쳐진 지능정보 기술이 있다. 4차 산업혁명의 주요 핵심 기술에 대한 내용은 많이 있지만 그중 특징적인 것은 다음과 같다.

### (1) 인공지능

인공지능(영어: artificial intelligence, AI)은 기계로부터 만들어진 지능을 말한다. 컴퓨터 공학에서 이상적인 지능을 갖춘 존재, 혹은 시스템에 의해 만들어진 지능, 즉 인공적인 지능을 뜻한다. 이 용어는 또한 그와 같은 지능을 만들 수 있는 방법론이나 실현 가능성 등을 연구하는 과학 분야를 지칭하기도 했다.

초기 인공지능에 대한 대표적인 정의는 '기계를 인간 행동의 지식에서와 같이 행동하게 만드는 것'이었다. 일반적으로 인공지능에 대한 정의들은, ① 인간처럼 사고하는 시스템, ② 인간처럼 행동하는 시스템, ③ 이성적으로 사고하는 시스템 그리고, ④ 이성적으로 행동하는 시스템인 4개로 분류된다.

우리나라의 경우 이세돌 9단이 바둑 대국에서 알파고에게 패배한 충격은 우리에게 두려움과 충격으로 다가왔다. 그래서 삼성전자는 2018년, 미래 시장을 선점하기 위해 인공지능(AI) 기술의 제품 개발은 물론 회사 경영 활동의 중심에 인공지능을 활용할 것임을 선언했다.

### (2) 로봇혁명

로봇(robot)은 사람과 유사한 모습과 기능을 가진 기계, 또는 무엇인가 스스로 작업하는 능력을 가진 기계를 말한다. 제조공장에서 조립, 용접, 핸들링 등을 수행하는 자동화된 로봇을 산업용 로봇이라 하고, 환경을 인식하고 스스로 판단하는 기능을 가진 로봇을 '지능형 로봇'이라 부른다. 사람과 닮은 모습을 한

로봇을 '안드로이드'라 부르기도 한다. 그리고 '형태가 있으며, 자신이 생각할 수 있는 능력을 가진 기계'라고도 한다. 인공의 동력을 사용하는 로봇은 사람 대신, 또는 사람과 함께 일을 한다. 로봇은 제작자가 계획한 일을 하도록 설계되는데, '로봇'이란 용어는 체코어로 '노동'을 의미하는 robota가 어원이다.

<로봇의 등장>

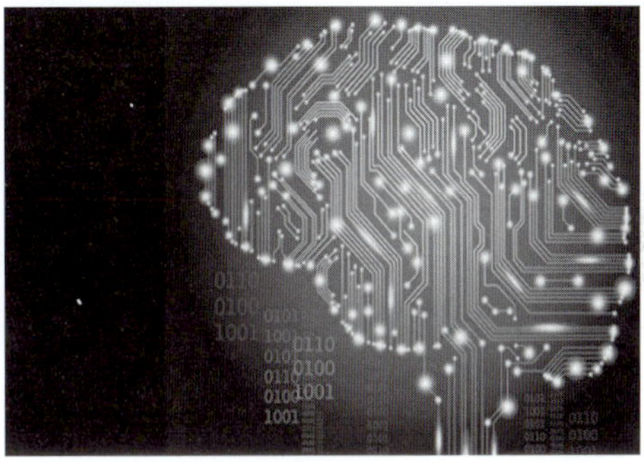

<인공지능 두뇌>

### (3) 자율주행

자율주행 또는 무인자동차(영어: autonomous car, driverless car, self-driving car, robotic car)는 인간의 운전 없이 자동으로 주행할 수 있는 자동차다. 자율자동차는 레이더, GPS, 카메라로 주위의 환경을 인식하여 목적지를 지정하여 자율적으로 주행한다. 이미 실용화된 자율자동차로는 이스라엘 군에서 운용되는 미리 설정된 경로를 순찰하는 자율 차량과 국외 광산이나 건설 현장 등에서 운용되고 있는 덤프트럭 등의 무인 운행 시스템 등이 있다.

지난 2010년 구글이 처음으로 자율자동차를 선보인 이후, 전 세계 자동차 회사들이 무인 자율주행 기술 개발에 열을 올리고 있다. 2013년 벤츠는 자율자동차로 100Km 자율주행에 성공했고 아우디도 2014년에 자율주행기술을 공개했다. 더 들어가서 국내 자율자동차의 실정을 보면 2014년에 운전자 없이 주행하고 비어 있는 주차 공간을 알아서 찾아 주차하는 무인자동차 기술이 공개되었다. 차후에는, 신호등에서 보낸 전파를 무인자동차에서 수신하여 신호등이 적색인지 청색인지, 또 언제 신호가 바뀌는지 등의 정보에 대응할 수 있는 무인자동차 기술개발이 진행되고 있다. 현재 우리나라도 반자율적인, 자동으로 차량이 멈추거나 출발하는 기능, 속도를 세팅하면 일정속도로 운행하는 등을 탑재하여 개발하고 있다.

### (4) 클라우드 컴퓨팅

클라우드 컴퓨팅(cloud computing)은 인터넷 기반 컴퓨팅의 일종으로 정보를 자신의 컴퓨터가 아닌 인터넷에 연결된 다른 컴퓨터로 처리하는 기술을 의미한다. 구성 가능한 컴퓨팅 자원(컴퓨터 네트워크, 서버, 스토리지, 애플리케이션 등)에 대해 어디서나 접근이 가능한, 주문형 접근을 가능케 하는 것으로, 클라우드 컴퓨팅을 통해 기업들이 선행 투자 인프라스트럭처 비용(서버 구매 등)을 없앨 수 있다. 그뿐 아니라 기업들이 컴퓨터 인프라에 시간과 비용을 들이는 대신 핵심 사업에 집중할 수 있게 한다.

클라우드 제공자들은 일반적으로 종량제(pay as you go) 모델을 사용한다. 클라우드 서비스란 인터넷상에 자료를 저장해 두고, 사용자가 필요한 자료나 프로그램을 자신의 컴퓨터에 설치하지 않고도 인터넷 접속을 통해 언제 어디서나 이용할 수 있는 서비스를 말한다. 클라우드 서비스를 통해 인터넷상에 저장된 자료들은 간단한 조작 및 클릭으로 쉽게 공유하고 전달할 수 있다. 인터넷상의 서버에 단순히 자료를 저장하는 것뿐만 아니라, 따로 프로그램을 설치하지 않아도 웹에서 제공하는 응용 프로그램의 기능을 이용하여 원하는 작업을 수행할 수 있으며, 여러 사람이 동시에 문서를 공유하면서 작업을 진행할 수 있다.

<자율주행차의 편리함>

<클라우드 시스템>

### (5) 사물인터넷

사물인터넷(Internet of Things, 약어로 IoT)은 각종 사물에 센서와 통신 기능을 내장하여 인터넷에 연결하는 기술, 즉 무선 통신을 통해 각종 사물을 연결하는 기술을 의미한다. 인터넷으로 연결된 사물들이 데이터를 주고받아 스스로 분석하고 학습한 정보를 사용자에게 제공하거나 사용자가 이를 원격 조정할 수 있는 인공지능 기술이다.

여기서 사물이란 가전제품, 모바일 장비, 웨어러블 디바이스 등 다양한 시스템을 말한다. 사물인터넷에 연결되는 사물들은 자신을 구별할 수 있는 유일한 코드나 아이피를 가지고 인터넷으로 연결되며, 외부 환경으로부터의 데이터 취득을 위해 센서를 내장할 수 있다. 그러나 모든 사물이 해킹의 대상이 될 수 있어 사물인터넷의 발달과 보안의 발달은 함께 갈 수밖에 없다.

한 연구기관의 조사에 의하면 2009년까지 사물인터넷 기술을 사용하는 사물의 개수는 9억여 개였으나 2020년까지 이 수가 260억 개에 이를 것으로 예상했으며, 2013년부터 2022년까지 10년간 사물인터넷은 14조 4천억 달러의 경제적 가치가 있을 것이라고 예상했다.

### (6) 빅 데이터

빅 데이터(영어: big data)란 기존 데이터베이스 관리도구의 능력을 넘어서는 대량(수십 테라바이트)의 정형 또는 심지어 데이터베이스 형태가 아닌 비정형의 데이터 집합조차 포함한 데이터로부터 가치를 추출하고 결과를 분석하는 기술이다. 다양한 종류의 대규모 데이터에 대한 생성, 수집, 분석, 표현을 그 특징으로 하는 빅 데이터 기술의 발전은 다변화된 현대 사회를 더욱 정확하게 예측하여 효율적으로 작동케 하고 개인화된 현대 사회 구성원마다 맞춤형 정보를 제공, 관리, 분석 가능케 하며 과거에는 불가능했던 기술을 실현시키기도 한다.

이같이 빅 데이터는 정치, 사회, 경제, 문화, 과학 기술 등 전 영역에 걸쳐서 사회와 인류에게 가치 있는 정보를 제공할 수 있는 가능성을 제시하며 그 중요성이 부각되고 있다. 하지만 빅 데이터의 문제점은 바로 사생활 침해와 보안 측면에 자리하고 있다. 빅 데이터는 수많은 개인들의 수많은 정보의 집합이다. 그렇기에 빅 데이터를 수집, 분석할 때에 개인들의 사적인 정보까지 수집하여 관리하기 때문에 이런 데이터가 보안 문제로 유출된다면, 이 역시 거의 모든 사람들의 정보가 유출되는 것이기에 큰 문제가 될 수 있다.

세계 경제 포럼은 2012년 떠오르는 10대 기술 중 그 첫 번째를 빅 데이터 기술로 선정했으며 대한민국 지식경제부 R&D 전략기획단은 IT 10대 핵심기술 가운데 하나로 빅 데이터를 선정하는 등 최근 세계는 빅 데이터를 주목하고 있다.

<IoT를 적용한 스마트 냉장고>

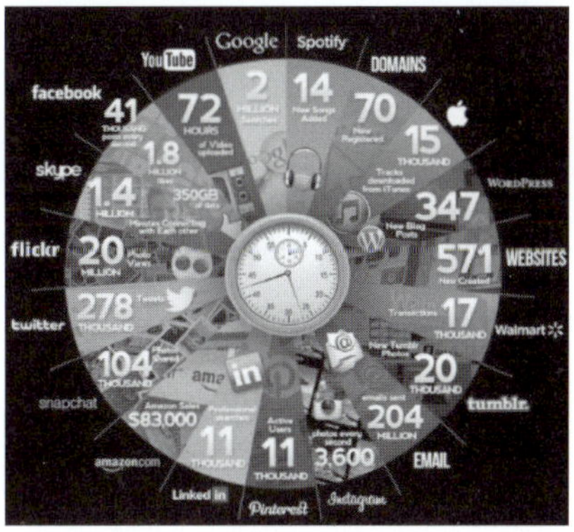


<빅 데이터의 활용>

## (7) 가상현실

가상현실(:virtual reality, VR)은 컴퓨터 등을 사용한 인공적인 기술로 만들어 낸 실제와 유사하지만 실제가 아닌 어떤 특정한 환경이나 상황 혹은 그 기술 자체를 의미한다. 이때, 만들어진 가상의(상상의) 환경이나 상황 등은 사용자의 오감을 자극하며 실제와 유사한 공간적, 시간적 체험을 하게 함으로써 현실과 상상의 경계를 자유롭게 드나들게 한다. 또한 사용자는 가상현실에 단순히 몰입할 뿐만 아니라 실재하는 디바이스를 이용해 조작이나 명령을 가하는 등 가상현실 속에 구현된 것들과 상호작용이 가능하다.

가상현실은 사용자와 상호작용이 가능하고 사용자의 경험을 창출한다는 점에서 일방적으로 구현된 시뮬레이션과는 구분된다. 쉽게 떠올릴 수 있는 가상현실 시스템의 예로는 비행훈련 시뮬레이션과 3D로 표현되었으며 사용자의 의지가 반영될 수 있는 세컨드 라이프와 같은 게임이 있다. AR/VR 시장은 이미 수십억 달러 규모의 시장으로 자리 잡고 있으며 수년 내에 1,200억 달러 시장을 훨씬 넘어서 계속 성장할 것으로 예상된다.

## (8) 증강현실

증강현실(augmented reality, AR)은 가상현실(VR)의 한 분야로 실제 환경에 가상 사물이나 정보를 합성하여 원래의 환경에 존재하는 사물처럼 보이도록 하는 컴퓨터 그래픽 기법이다.

증강현실은 사용자가 눈으로 보는 현실세계에 가상 물체를 겹쳐 보여 주는 기술인데, 현실세계에 실시간으로 부가정보를 갖는 가상세계를 합쳐 하나의 영상으로 보여 주므로 혼합현실(mixed reality, MR)이라고도 한다. 현실 환경과 가상 환경을 융합하는 복합형 가상현실 시스템(hybrid VR system)으로 미국을 중심으로 연구 · 개발이 진행되고 있다. 대표적으로 포켓몬스터가 있다.

### ※ 가상현실과 증강현실 비교 이해

#### ❶ 가상현실

현실에서 존재하지 않는 환경에 대한 정보를 디스플레이 및 렌더링 장비를 통해 사용자로 하여금 볼 수 있게 한다. 그리고 이미 제작된 2차원, 3차원 기반을 사용하므로 사용자가 현실감각을 느낄 수는 있지만 현실과 다른 공간 안에 몰입하게 된다.

#### ❷ 증강현실

가상현실과는 달리 사용자가 현재 보고 있는 환경에 가상 정보를 부가해 준다는 형태이다. 즉, 가상현실이 현실과 접목되면서 변형된 형태 중 하나이다. 때문에 사용자가 실제 환경을 볼 수 있으므로 가상의 정보 객체(예: 기후정보, 버스노선도, 맛집 길 안내)가 현실에 있는 간판에 표시되기도 한다.

<가상현실 체험>

<증강현실 체험>

## (9) 3D 프린팅

3D 프린팅(영어: 3D printing)은 연속적인 계층의 물질을 뿌리면서 3차원 물체를 만들어 내는 제조 기술이다. 3차원 프린터는 밀링 또는 절삭이 아닌, 기존 잉크젯 프린터에서 쓰이는 것과 유사한 적층 방식으로 입체물로 제작하는 장치를 말하며, 컴퓨터로 제어되기 때문에 만들 수 있는 형태가 다양하고 다른 제조 기술에 비해 사용하기 쉽다. 단점으로는 현재 기술로는 제작 속도가 매우 느리다는 점과, 적층 구조로 인해 표면이 매끄럽지 못하다는 점 등이 있다.

3D 프린팅 기술은 제4차 산업혁명으로 불리며, 산업 전반에 걸쳐 제조 기술의 큰 변화를 가져올 것으로 예상되고 있다. 3D 프린터의 보급이 제4의 산업혁명으로 불리는 이유는, 기계 절삭 및 성형 등 기존의 생산 방식을 탈피하여 일괄된 방식으로 어떤 형태의 제품도 만들어 낼 수 있기 때문이다. 치과 등의 의료 분야는 물론, 각종 가정용품을 비롯해 자동차나 비행기 등에 쓰이는 기계장치도 3D 프린터에 의한 생산이 가능하다. 이미 자동차 업계에서는 엔진 등 핵심 부품을 3D 프린터로 만들어 내는 공정을 연구하고 있다.

## (10) 드론

드론(drone) 또는 무인 항공기(Unmanned Aerial Vehicle, UAV)는 조종사(human pilot)가 탑승하지 않은 항공기(비행기)이다. 지상에서 원격조종(Remote piloted), 사전 프로그램된 경로에 따라 자동 또는 반자동(Semi-auto-piloted)형식으로 자율비행하거나 인공지능을 탑재하여 자체 환경판단에 따라 임무를 수행하는 비행체와 지상통제장비(GCS: Ground Control Station/System) 및 통신장비(데이터 링크) 지원 장비(Support Equipments) 등의 전체 시스템을 통칭한다.

활용분야에 따라 다양한 장비(광학, 적외선, 레이더 센서 등)를 탑재하여 감시, 정찰, 정밀공격무기의 유도, 통신/정보중계 등의 임무를 수행하며, 폭약을 장전시켜 정밀무기 자체로도 개발되어 실용화되고 있어 향후 미래의 주요 군사력 수단으로 주목을 받고 있다. 최근 몇 년간 빠른 성장이 이루어지고 있는 추세다. 2017년 6월 아마존은 드론 이착륙 센터에 대한 특허 출원을 하고 운송 수단으로 검토 중이다. 또한 공중을 비행하는 드론(무인 항공기)같이 스스로 바다를 항해하는 무인 선박도 상용화를 목전에 두고 있다.

<3D 프린팅 제작>

<드론 비행>

## 3 4차 산업혁명과 경영

4차 산업혁명은 이미 우리가 피할 수 없는 새로운 패러다임이다. 4차 산업사회는 모든 것이 연결되고, 고도로 지능화된 초연결, 초지능 사회이다. 사물인터넷과 클라우드 등을 통해 인간과 인간, 사물과 사물, 인간과 사물이 통신망으로 연결되고, 빅 데이터와 인공지능을 활용한 컴퓨터들이 엄청난 양의 정보를 바탕으로 자율적으로 학습하며 지능을 키운다.

이러한 특징과 더불어 4차 산업혁명의 변화는 매우 빠르고 넓게 확장되고 있는데, 이처럼 4차 산업혁명을 이끌고 있는 기술들은 경영의 여러 분야에서 확장된다. 자율주행 자동차, 가정용 로봇, 인공지능 기반의 다양한 산업발전은 경영의 고정학에서부터 새로운 변화를 가져오는 것이다.

4차 산업혁명이 보편화되면 사람이 직접 하기 힘들거나 위험한 일을 로봇이 대신하게 되고, 사물 인터넷 기반의 스마트 홈 시스템이 나의 일상의 일정을 실시간으로 관리해 주기도 하며, 자율주행이 가능한 자동차가 등장하여 직접 운전을 하지 않고 편안하게 이동하고 주차를 할 수 있다. 또한 손목에 착용하는 인공지능 의료 기기가 내 몸의 상태를 관리해 주고, 병원에서는 인공지능 로봇이 약을 처방하게 된다.

이로 인해 현존하는 일자리 중 상당수가 인공지능과 로봇으로 대체될 것이라고 말하는 입장도 있지만 한편 새로운 형태의 일자리가 많이 창출될 것이라는 입장도 있다. 2016 세계 경제 포럼에서는 많은 영역의 일자리를 로봇이 대체하여 일자리의 수가 대폭 줄어들 것으로 발표되었는데, 3차 산업혁명을 경험해

본 우리는 4차 산업혁명 역시 새로운 산업형태와 신기술로 인해 새로운 일자리가 생겨날 것으로 전망하였다. 하지만 확실한 사실은 하루아침에 모든 일자리가 사라지지는 않는다.

이처럼 4차 산업혁명으로 인해 우리는 인공지능과 로봇에게 우리의 일자리를 뺏긴다는 두려움이 있지만, 어떤 직업이 유망할 것인가에 대한 궁금증도 있을 것이다. 4차 산업혁명은 누군가는 엄청난 위기로 느끼겠지만, 누군가는 분명히 새로운 기회라고 생각할 것이다. 여기서 중요한 점은 핵심기술에 대해서 우리나라가 얼마나 선도할 것인가, 거기에 나는 어떻게 적응하며 어떤 자세를 취하고 있을 것인가가 매우 중요하다. 대학의 젊은 청춘들은 4차 산업의 혁명적 도래와 함께 직업이든 창업이든 새로운 기회와 출발을 위해 스스로 도전하고 두드려 보기를 기대한다.

시대도 변하고 있고 기업도 변하며 경영도 변하고 있다.

# Chapter 06

# 경영과 기업문화

1. 경영관리 따라잡기
2. 스타트업 기업의 경영관리
3. 경영 속의 기업문화
4. 경영자의 자기관리

Chapter 06

# 경영과 기업문화

## 1 경영관리 따라잡기

### 1. 경영이란 무엇인가

경영이란 기업이나 단체를 이룬 조직이 그 조직의 목표를 달성하기 위하여 계획을 세우고 실행을 하며 실행 결과를 평가하는 활동과정이다. 스타트업 회사와 같은 소규모 창업의 경우엔 처음부터 조직을 잘 구축하고 바람직한 기업문화를 갖출 수 있는 장점이 있다. 즉, 기업을 시작하는 대표자는 기업의 목표를 달성하기 위하여 조직을 경영하는데, 기업의 목표달성을 위하여 구체적으로 어떤 일을, 어떻게, 누구와, 언제, 어디서 하는가를 지속적으로 결정하고 실행하는 것이 경영인 것이다.

## (1) 기업의 특징

경영을 한다고 하는 기업은 다음과 같은 4가지의 특징을 갖고 있는데 구성원들이 조직되어 있다 하더라도 다음과 같은 특징이 없으면 기업이라 하지 않는다. 교회, 봉사단체, 버스정류장에 모여 있는 사람들은 조직으로 구성되어는 있지만 다음의 특징을 갖고 있지는 않다.

### ❶ 목표(Objective)

기업의 가장 큰 특징은 목표가 있다는 것이다. 기업을 이루는 구성원(직원)은 기업의 목표를 달성하기 위하여 노력하며, 그런 노력을 하는 과정이나 결과에 자신은 소속감을 느끼게 된다. 특히 경영의 과정에서 본인의 의사나 행동이 영향력을 끼쳐 목표를 달성하게 될 때 가장 큰 만족감과 자부심을 갖게 된다.

### ❷ 위계구조(Hierarchy)

두 번째 특징은 기업의 위계구조이다. 예를 들면, 기업은 '사장－이사－부장－과장－사원' 등과 같은 조직구조가 있다. 각 조직 단위를 맡고 있는 사람에게는 조직의 목표를 달성하는 데 필요한 권한과 의무, 책임이 주어지며 이를 종합하면 기업의 목표를 달성하기 위함이다.

### ❸ 규칙(Rules)

기업은 기업의 모습과 운영에 대한 내용을 정한 규정이나 규칙이 있어야 한다. 이 규정에는 세부조직의 목표, 위계구조에 대한 것은 물론이고 조직의 운영 방침과 방향 등 세부적인 내용이 담겨야 한다. 이 규정은 문서화하여 직원들이 공유할 수 있어야 한다.

### ❹ 목표의 달성여부(Achievement)

마지막으로 기업의 존재는 목표의 달성여부에 영향을 받는다. 목표를 달성하지 못할 경우 기업의 존재여부가 불투명하고 구성원들은 의욕상실과 경제적 도움을 갖지 못한다. 이익을 추구하는 기업이므로 기업의 목표를 달성하려는 구성원들의 노력은 조직의 성장, 발전에 매우 중요한 영향을 끼친다.

## (2) 기업경영의 기능

기업의 경영은 '계획－실행－평가－개선'이 순환되는 과정으로서 필요한 자금을 조달하고, 직원을 채용하며, 제품이나 서비스를 판매하고, 이러한 결과를 평가하고 개선하며 정리하는 일들이 있는데 소규모 스타트업 회사의 주요 기능들을 정리하면 다음과 같으며 이를 조직화하면 기구조직이 되는 것이다.

❶ 인적자원관리: 직원의 채용, 교육, 배치, 업무부여 및 평가(총무팀, 인사팀)

❷ 생산 · 운영관리: 제품이나 서비스의 생산 또는 창출 제공(생산팀, 운영팀)

❸ 마케팅 및 고객관리: 제품이나 서비스의 홍보판매 및 고객 확보, 증대(영업팀)

❹ 재무 · 회계관리: 조직의 필요한 자금 조달 및 운용, 기업경영활동의 요약(재무팀)

# 2 스타트업 기업의 경영관리

경영은 기업의 목표를 달성하기 위한 활동과 과정으로서 기업은 기업의 목표 달성을 위하여,

- 계획을 세우고(Plan)
- 이를 실행하며(Do)
- 실행결과를 평가하고(See)
- 이를 다시 계획에 반영(Feed-back)

하는 일련의 연속과정으로 이루어진다. 이를 경영의 순환과정이라고 하며 각 단계의 머리글자를 따서 PDS 사이클이라고 한다. 경영활동은 한 번만 하고 끝나는 것이 아니라 당초 세웠던 계획의 실행결과를 새로운 계획에 계속적으로 피드백하면서 기업의 목표를 달성하기 위한 방향으로 순환된다.

## 1. 스타트업 기업의 경영관리 체계

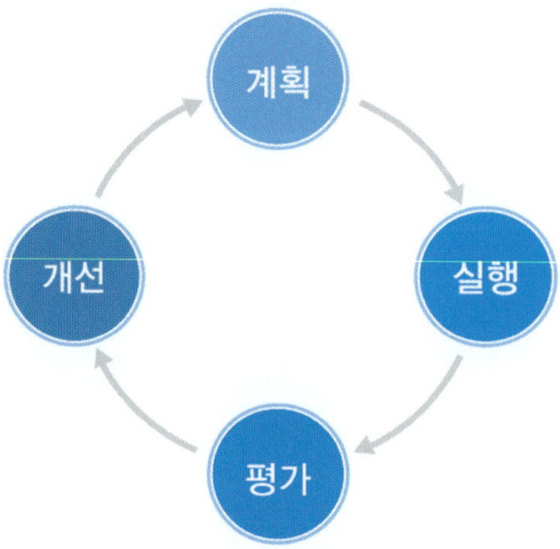

## (1) 계획수립(Plan)

계획수립은 기업 또는 세부 조직이 달성하려는 미래의 목표를 정하고, 이 목표를 달성하기 위하여 직원들이 어떤 일을, 어떻게 해야 하는지를 정하는 경영 활동으로 가장 중요하다고 할 수 있다. 계획을 수립할 때는 과거에 경험된 자료나 결과보고서 등을 참고하는 것도 좋은 과정이며 기업은 연속되는 기업 활동에서 자료의 관리에도 신경을 써야 한다.

계획을 수립할 때에는 실행 기간에 따라 단기계획, 중기계획, 장기계획 등으로 나눌 수 있다. 일반적으로 단기계획은 1년 이내의 일상적인 조직 활동에 대한 계획을 말하며, 중기계획은 2~3년 정도의 전술적인 면이 강한 계획이다. 장기계획은 3년 이상의 기간을 대상으로 수립되는 계획을 말한다.

또한 계획은 경영활동에 대한 계획이라는 점 외에도 실행된 경영활동의 평가 기준이 된다는 점에서 매우 중요한 의미가 있다.

## (2) 실행(Do)

계획이 수립되었으면 이를 실행한다. 실행단계에서는 계획수립단계에서 계획된 그대로 실천하면 된다. 계획에 나타난 바에 의해 조직화하고 대표자의 지휘와 조정에 따라 업무를 수행한다.

## (3) 평가(See) 및 피드백(Feed-back)

경영활동의 단계에서 마지막 단계인 평가는 경영활동의 실행결과가 당초 수립되었던 계획과 얼마나 일치하는지를 판단하는 활동이다. 평가를 해 보면 두 가지로 구분될 수 있다. 하나는 계획보다 성과가 나은 경우이고, 다른 하나는 성과가 계획에 못 미친 결과이다. 성과가 좋은 경우에는 직원에 대한 보상과 칭찬이 주어져야 하고, 미흡한 경우에는 그 원인분석이 선행되어야 한다. 분석된 결과는 다음 계획 수립 시 반영하여 보완하도록 한다.

## 2. 경영계획 수립의 중요성

경영관리 체계 중에서도 경영계획 수립은 가장 중요한 첫 단계이며 이를 기초로 하여 경영의 활동과 평가가 시작된다. 경영계획 수립을 통해 얻게 되는 중요한 결과는 다음과 같다.

### (1) 집중도를 높이고 유연성을 향상시켜 준다

계획수립은 조직과 구성원의 집중도와 유연성을 높여 준다. 계획수립이 잘 되면 직원들이 하여야 할 일이 명확하기 때문에 조직의 역량이 분산되지 않고 집중도가 커진다. 계획수립이 잘된 조직에서는 어떤 것이 최선을 다하는 것인지 알며, 고객이 무엇을 필요로 하는지, 어떻게 하는 것이 그들에게 잘하는 것인지를 알고 있다.

### (2) 조직 구성원의 행동지침이 된다

계획은 사람들이 행동할 때 조직의 목표를 달성하는 방향으로 행동할 수 있도록 하나의 지침이 되며 다음과 같은 이점이 있다.

❶ **결과지향**: 계획수립 시 달성하여야 할 성과를 사전에 인지하기 때문에 결과 지향적으로 노력하게 된다.

❷ **우선순위**: 어떤 일에 우선적으로 관심을 가져야 할지를 안다.

❸ 이익극대화: 모든 자원이 회사의 이익을 극대화하는 방향으로 사용되어 진다.

### (3) 조정을 돕는다

기업에서의 각 조직들은 각기 다양한 업무를 동시에 수행하며 이들은 조직의 목표를 달성함과 동시에 기업 전체의 목표를 달성하는 데 기여하여야 한다. 이 때 조직 간에 갈등이 발생할 때에는 전체 목표에 근거하여 조정 또는 조율을 해 나가야 하는데 이의 기준이 된다.

### (4) 시간을 관리할 수 있게 해 준다

계획수립이 제공하는 또 하나의 이점은 시간관리를 돕는다는 점이다. 계획수립이 잘 이루어지면 시간을 어떻게 배분하여 활용할 것인지 준비되어 있기 때문에 시간관리를 용이하게 할 수 있다.

### (5) 통제의 근거가 된다

통제활동은 애초에 수립된 계획에 근거하여 이루어진다. 계획수립이 잘되면 성과의 측정 및 평가, 이에 대한 보상, 처벌 등이 합리적으로 이루어진다. 계획수립 없는 통제활동은 당초 의도한 방향대로 잘되고 있는지를 파악하거나 보완할 수가 없다.

## 3. 경영계획 수립의 목표 설정

경영계획 수립에서 확실한 목표를 수립하고 목표를 달성하기 위해서는 전략적이고 체계적인 계획을 세워야 하는데, 이러한 목표의 달성가능성을 높이기 위해서는 SMART법칙의 5가지 기준에 의해 목표를 설정할 때 달성 가능성이 높아진다.

### (1) S(Specific): 구체적인 목표

목표를 구체적으로 설정하고 언제, 어디서, 무엇을, 어떻게, 얼마나 할 것인지를 분명히 정한다.

### (2) M(Measurable): 측정 가능한 목표

목표달성 진척도를 판단하기 위해서 변화정도가 오감을 통해 선명하게 관찰될 수 있고 수치로 확인될 수 있어야 한다.

### (3) A(Achievable): 달성 가능한 목표

목표달성의 단계를 계획해서 각 단계별로 행동을 통해서 달성할 수 있어야 한다.

### (4) R(Realistic): 현실성 있는 목표

목표는 현실적이고 적절하며 실현가능한 구체적인 결과를 도출할 수 있어야 한다.

### (5) T(Time-bounded): 시간제한 목표

목표달성 기한을 정확히 설정하고 즉시 실행할 수 있는 것이어야 한다.

## 3 경영 속의 기업문화

사람은 저마다의 독특한 성격인 개성이 있듯이 기업들도 그 나름의 특성과 분위기가 있기 마련인데 우리는 이것을 기업문화 또는 조직문화라고 한다. 즉, 기업문화란 기업이라고 하는 특정 조직체에 의해 생성된 것으로서 '기업 내에 존재하는 다듬어진 행동양식'이다. 다시 말하면, 기업문화란 기업이라는 조직 구성원들에 의하여 의식적, 무의식적으로 만들어지고 형성되는 것으로서 기업의 목표를 달성하는 과정에서 공유된 가치관과 신념, 조직 고유의 상징, 특징 및 관리관행, 규범 등으로 이루어진 기업 특유의 문화적 가치 행동체계를 말한다. 스타트업 기업의 경우 새롭게 조직을 구성하고 문화를 구축하기 때문에 기존의 오래된 기업보다 기업문화를 만들고 가꾸기가 좋다.

### 1. 기업문화의 구성요소

타 기업과 확연히 구별된 기업을 경영하고자 하는 경우 바람직한 기업문화를 조성하고 만들어 나가는 것은 매우 중요한 경영활동이다. 일반적으로 기업이 추구하는 기업문화의 핵심내용은 이념과 비전 속에 함축되어 있는데 나아가서는 실천적인 목표달성의 단계까지 포함되어 운영된다.

### (1) 사명선언(Mission)

기업의 사명선언은 기업의 사회적 사명이자 사회에 대한 약속이며 기업 스스로의 각오를 나타낸 것이다. 여기에는 기업이 존재하여야 하는 존재이유와 임직원들의 분명한 각오가 표현되어 있어야 한다.

**<친숙한 기업들의 사명선언서>**

- **애플(Apple)**

전 세계의 학생, 교육자, 창조적인 전문가, 소비자들에게 우리의 혁신적인 하드웨어, 소프트웨어, 인터넷의 제공을 통하여 최고의 개인적인 컴퓨팅 경험을 제공하는 데 기여한다.

- **페이스북(Facebook)**

사람들에게 더욱 더 개방적이고 연계가 되는 세상을 만들고 공유하는 힘을 제공한다.

- **구글(Google)**

세상의 모든 정보를 조직화하여 이를 누구나 보편적으로 접근할 수 있고 누구에게나 도움이 되게 한다.

### (2) 비전(Vision)

비전은 기업의 원대한 희망과 미래의 모습을 나타내는 것이다. 미래의 확실한 목표를 설정하고 이를 위해 임직원이 일치단결하여 매진해 나갈 때 기업은 성장, 발전해 나갈 것이다. 이 비전 속에는 원대한 목표와 함께 이를 실현시키기 위한 사업영역과 전략방향, 그리고 고객과 구성원에 대한 약속 등이 포함되어 있어야 한다.

### (3) 경영이념

경영이념은 기업이념과 비전을 달성하기 위한 회사의 경영원칙이자 경영의 기본원리이다. 기업 활동의 성패를 좌우하는 핵심 요소 중 하나는 신속하고 올바른 의사결정과 경영의 일관성을 유지하는 것이다. 이를 위해서는 명확한 기준과 방향성이 있어야 하는데, 경영이념은 바로 기업의 의사결정과 경영활동의 기준이 되는 경영원칙을 말하는 것이다.

### (4) 핵심요소

기업문화의 핵심요소는 직원들이 실현해야 할 조직문화의 구체적이고 바람직한 모습을 나타낸 것이다. 기업문화의 기본 바탕을 형성하는 조직분위기 및 의식의 지향점을 나타낸 것으로 직원들의 일상생활과 밀접하게 연관되어져 있다.

### (5) 행동지침

직원들의 행동지침은 직원들 모두가 가져야 할 생활자세를 요약해 놓은 것이다. 기업이 원대한 비전과 훌륭한 전략을 가지고 있다 해도 직원들의 관심과 이해를 바탕으로 한 참여가 뒷받침되지 않는다면 아무것도 달성할 수 없게 된다.

기업은 대표자 몇몇이 끌고가는 것이 아니라 전 구성원들이 힘을 합하여 움직이는 것이다.

## 2. 바람직한 기업문화 조성

바람직한 기업문화를 만들어 나가고자 하는 궁극적인 목적은 직원들이 자신의 일을 취미생활 하듯 즐겁고 신나게 해 나갈 수 있는 조직 풍토를 만들어 나가는 데 있다. 다시 말해, 조직 내에서 일에 대한 흥미와 사명감을 느끼며 소신껏 일할 수 있는 활기 넘치는 분위기를 만들고, 그 속에서 직원들이 자신의 몸과 마음을 다해 자발적으로 성실히 일할 수 있도록 하자는 것으로 다음과 같은 바탕이 있어야 한다.

A사는 늦어도 출근시간 10분 전에는 전원이 출근하여 그날의 업무에 대해 미리 준비하고 정시에 근무하는 경우이고, B사는 출근 후 옷을 갈아입고 차를 마시고 핸드폰 등을 보다가 출근 시간 30분 후가 돼서야 비로소 근무하는 기업이라면, 평상시에는 별 차이 없이 유지되는 것처럼 보이겠지만, 실제로 두 회사가 동시에 어려운 상황에 부닥치게 된다면 두 기업의 저력은 불을 보듯 확연하게 드러날 것이다. 이것이 바로 기업문화의 차이이다.

### (1) 비전 공유

기업의 비전과 함께 직원 개개에게도 비전이 제시되어야 한다. 조직과 개인의 목표가 동시에 실현되도록 구체적인 비전을 설정하고 실행해 감으로써 기업과 개인이 동시에 발전을 이룰 수 있어야 한다.

## (2) 능률과 성과의 조화

기업문화가 화려하고 공허한 이론만으로 되어선 직원들로부터 외면당할 것이다. 기업의 미래는 기업을 이루는 직원들이 생각하고 행동하는 대로 이루어지기 때문이다. 기업과 직원들이 합리적인 조화를 이룸으로써, 모두가 동일한 위기의식과 공통된 가치관을 공유하고 서로가 신뢰하며 업무를 추진할 때 바람직한 기업문화가 형성되는 것이다.

## (3) 사랑받는 기업들의 기업문화 특성

사랑받는 기업들의 풍부하고 다양한 문화는 한 단어로 요약한다면 사람이 중심이 된다는 것이다.

### ❶ 배움의 문화

사랑받는 기업들은 '배우는 조직'이 되기 위해 매우 노력한다. 그들은 기존 직원뿐만 아니라 새로운 신입 직원의 교육에 대해 많은 투자를 한다. 교육을 통해 회사의 경영가치와 비전 등에 대해서도 같은 생각, 같은 마음을 갖는 것이다.

### ❷ 신뢰의 문화

높은 성과를 보이는 기업들은 직원들 상호 간에 많은 신뢰를 갖고 있고 외부로부터 높은 신뢰를 받는 기업들이다. 신뢰는 기업, 직원, 고객 그리고 다른 이해 당사자들이 최소의 갈등과 최대의 조화로 함께 일할 수 있게 해 주는 윤활유이다.

### ❸ 성실함 문화

사랑받는 기업의 대부분은 성실성의 가장 높은 기준을 유지하는 것을 강조한다. 이것은 사명(Mission) 선언이나 다른 공식적인 문서에 직접적으로 반영한다. 성실함은 관련되어 있는 모든 사람들과의 긍정적이고 이익이 되는 기초이다.

### ❹ 투명성의 문화

요즈음 기업에서는 성실함과 함께 중요한 가치로 투명성을 들고 있다. 오늘날 정보가 넘치는 세상에서, 기업들이 중요한 정보를 직원, 고객, 공급업체나 다른 외부에 숨기는 것은 사실상 불가능하다. 투명성은 기업에게 이점을 줌과 동시에 직원들 간에 신뢰를 쌓는 중요 요소이다.

### ❺ 소속과 일체감의 문화

사랑받는 가업들은 소속감 혹은 사랑의 분위기를 만드는 데 탁월하다. 이것은 직원들, 고객들이 한 기업에 같은 일원으로 속해 있다고 느끼는 것을 말한다. 사랑받는 기업의 직원들은 그냥 직원이 아니라 가족이다. 직원이나 고객들의 가족까지 생일을 챙겨 줘 보자.

### ❻ FUN(재미)의 문화

기업의 매우 중요한 문화가치는 '재미'이다. 직장에서 재미있는 분위기를 만드는 정도는 차이가 있지만 모두 그것이 중요하다고 생각하고 있다. 아마존의 CEO 제프 베조스(Jeff Bezos)는 직원들에게 "열심히 일하고, 재미를 느끼고, 역사를 만들라"고 강조한다.

# 4 경영자의 자기관리

경영자는 제품을 생산하든 서비스를 제공하든 어떤 조직을 이끌고 그 결과에 대해 책임을 지는 사람이다. 따라서 대기업이나 중소기업, 스타트 기업의 대표자도 똑같은 경영자이고 교회 목사, 가정주부도 같은 경영자라고 할 수 있다. 그 이유는 이들이 어떠한 목적으로 일을 하던 간에 조직의 활동을 계획하고 조직화하고, 지휘하고 통제하는 기본적인 기능을 수행하고 있기 때문이다. 대표라고 해서 출·퇴근 시간을 마음대로 하거나, 회사의 비용을 마음대로 사용한다면 그 기업은 오래 가지 못하고 직원들은 떠날 것이다. 철저한 지가관리와 경영마인드가 필요한 것이다.

## 1. 경영자의 필요능력

### (1) 열정(강한 의욕)

창업을 하는 경영자에게 먼저 요구되는 능력은 열정이다. 창업자의 열정은 사업과 일에 강한 의욕을 갖고 몰입하는 데 도움을 준다. 특히 새로운 기업을 창업하고 운영하는 데는 많은 노력과 열정이 필요하기 때문이며, 열심히 한다고 성공이 보장되지는 않는다. 열정과 함께 합리적인 계획과 판단이 보완적으로 필요하다.

### (2) 정신능력

경영자의 정신능력이란 지적능력, 창조적 사고력, 분석적 사고력 등을 말한다. 이런 정신적 능력에 의하여 사업의 당면문제를 체계적으로 분석하고, 창조적인 문제해결책을 제시하며, 일을 합리적으로 수행할 수 있는 것이다. 이런 능력은 사업기회를 포착하여 사업화하는 데 중요한 역할을 수행한다.

### (3) 대인관계능력

궁극적으로 직원들이나 고객 등 이해관계자들과 우호적인 관계를 유지해야 하기 때문에, 인간관계능력은 주로 정서적 안정성, 대인관계의 기술, 사교성, 타인에 대한 배려, 감정이입 능력 등을 말한다. 이런 대인관계능력은 고객과 종업원의 생각과 입장을 이해하게 함으로써 사업운영에 많은 도움을 줄 수 있다.

### (4) 의사소통능력

의사소통능력은 문서 또는 말로써 자신의 의사를 표현하고 전달하는 능력을 말하는데 경영자는 사업을 원활하게 운영하기 위하여 고객, 직원, 이해관계자 등과 효과적으로 소통하여야 하므로 사업을 위한 필수 능력이라 하겠다.

### (5) 의사결정능력

기업의 경영활동은 의사결정과정의 연속이다. 그러므로 경영자는 전략적 의사결정을 할 수 있는 능력을 갖추어야 한다. 합리성과 신속성을 유지하면서 가급적 정확한 판단으로 결정하여야 한다.

### (6) 문제해결 대안제시 능력

문제해결 대안제시 능력은 복잡한 경영의 핵심을 간파하고 그것을 간절한 형태로 재구성함으로써 더욱 효과적으로 문제를 해결할 수 있도록 대안을 제시할 수 있는 능력을 말한다. 회사 내부 문제에 있어서도 전체 조직의 특성과 문제점을 정확히 파악하여 조직의 각 부문들이 사업성공을 향해 함께 힘을 모을 수 있는 방법을 강구하는 것이다.

## 2. 경영자의 자질

### (1) 인성과 교양

경영자에게 요구되는 자질은 무엇보다도 단순한 경영수단이 아니라, 새로운 시대에 맞는 경영감각과 사회적으로 신뢰받을 만한 인성과 교양을 갖추어야 한다.

### (2) 목표달성 의지

미래의 환경변화에 대한 예리한 통찰력과 판단력을 발휘하여 장기적인 관점에 근거한 경영 활동으로 목표를 달성하려는 의지가 있어야 한다.

### (3) 강한 추진력

새로운 사업에 대한 창의력이 있어야 하며 이를 계속 수행할 수 있는 강한 추진력이 있어야 한다.

### (4) 기업가정신

항상 환경변화에 도전하여 새로운 사업기회를 적극 모색하여야 하며, 자신의 모든 것을 투자하고 희생시킬 수 있는 투철한 기업가정신을 가지고 있어야 한다.

### (5) 윤리마인드

개인의 영리추구에 그치지 않고 경영 전반에 대한 철저한 윤리의식과 사회적 책임을 인식할 수 있어야 한다.

### (6) 독립심

경영을 통하여 자아실현을 달성하겠다는 강력한 성취욕구와 타인에게 종속되고 싶어 하지 않는 독립심이 있어야 한다.

### (7) 자기개발

자기 자신에게 요구되고 있는 능력과 자질을 충분히 인식하고 스스로의 능력개발을 위한 자기개발을 게을리 하지 않아야 한다.

## 3. 경영자의 자기관리

### (1) 자기관리의 시작 – 남들과 다른 길을 가는 것

남들과 다른 길을 간다는 것은 쉽지 않은 길이다. 스칸디나비아반도에는 '레밍'이라는 쥐과의 설치류가 산다. 레밍은 절벽 아래로 뛰어드는 '집단 자살'을 벌이는 것으로 유명하다. 이 이상한 집단 자살행위는 이렇게 시작된다. 어느 날

몇 마리의 레밍이 무작정 뛰기 시작한다. 그러면 주변의 수많은 레밍이 영문도 모르고 따라 뛴다. 그런 식으로 아무런 이유도 모른 채 다른 레밍들이 뛰니까 뛰게 된다.

그렇게 수천 마리가 함께 뛰고, 절벽을 만나도 멈출 수 없어 모두 아래로 떨어지게 되는 것이다. 아직 이러한 현상의 이유에 대해 밝혀진 것은 없지만, 이처럼 특별한 이유 없이 무작정 다수를 따라 하는 것을 '레밍 효과'라 한다.

TV에서 맛있는 집으로 소개되면 손님이 몰리고 방청객의 웃음소리에 따라 웃게 되는 것이 바로 이 때문이다. 이는 자신의 진로를 설정할 때 강하게 나타난다. 대개 누군가가 조금 다른 길을 가게 되면 이렇게 말하곤 한다.

"김 대표? 네 꿈은 너무 비현실적이야, 지금은 투자를 해야지"

"남들 다 바이어들과 골프다, 명절마다 인사를 하는데 김 대표는 뭐하는 거야?"

대다수가 정한 틀에 묶여, 남들과 다른 길을 가고 있다면 저런 말들에 기죽지 마라.

적어도 무작정 따라 가는 것보다는 훨씬 낫다. 철의 여인으로 유명한 영국의 마거릿 대처(Margaret Thatcher) 수상은 이렇게 말했다.

"남들과 다른 생각을 하는 것, 다른 길을 가는 것을 오히려 축복이라 생각하라. 자기가 역사의 주인이 될 가능성이 높은 사람이다."

## (2) 자기관리 5단계

자기관리 단계는 자신의 비전과 목표를 정립하고, 자신의 역할 및 능력을 분석하여 과제를 발견하며, 이에 따른 일정을 수립하여 시행하는 절차로 이루어진다. 이렇게 시행된 결과는 지속적인 자기관리를 위하여 반성하고 피드백한다.

| 단계 | 내용 | 세부 |
| --- | --- | --- |
| 1단계 | 비전 및 목적 정립 | • 자신에게 가장 중요한 것 파악<br>• 가치관, 원칙, 삶의 목적 정립<br>• 삶의 의미 파악 |
| 2단계 | 과제 발견 | • 현재 주어진 역할 및 능력<br>• 역할에 따른 활동목표<br>• 우선순위 설정 |
| 3단계 | 일정 수립 | • 하루, 주간, 월간 계획 수립 |
| 4단계 | 수행(실행) | • 수행과 관련된 요소분석<br>• 수행방법 찾기 |
| 5단계 | 반성 및 피드백 | • 수행결과 분석<br>• 피드백 |

생각해 봅시다

## 대한민국 청춘의 성공 롤모델

### 꿈을 전파하는 '골든 벨 소녀' 김수영

1999년 실업고 출신으로는 처음으로 '도전 골든벨'에서 골든벨을 울려 화제가 된 김수영 씨가 '꿈의 전도사'로 나섰다. 글로벌기업 로열 더치쉘의 영국지사에서 총괄매니저로 근무하고 있는 그녀는 해외 취업을 모색하고 있는 젊은이들 사이에선 이미 유명인이다. 블로그에 해외취업 성공기를 올린 것을 계기로 많은 젊은이들의 해외취업의 멘토를 해 주고 있다.

"하루 800여 명이 제 블로그를 방문합니다. 요즘은 너무 바빠서 답장을 못하고 있는데 가장 많이 받는 질문이 '토종 한국인도 가능한가?','학벌이 좋지 않은데 가능한가?' 등이에요. 그런데 도전해 보지도 않고 포기하는 분들이 많아요. 저 역시 국내는 물론 해외에서도 수없이 떨어졌지만 다시 부딪치면서 하나씩 이뤄 가고 있는 걸요?"

김 씨의 삶은 많은 이들에게 용기를 준다. '가출소녀'로 불우한 시절을 보내다 자신의 꿈을 발견하면서 180도 다른 삶을 살게 됐기 때문이다. 그녀는 중학교 시절 막노동하던 아버지가 술에 의지하면서 가정을 소홀히 하자 방황하기 시작했다. 엄마는 생계를 잇느라 허덕였고, 집과 학교에 마음을 두지 못한 소녀는 문제아가 됐다. 그러나 자신의 꿈을 위해 자기와의 싸움에서 진학을 결정한 그녀는 중학과정을 검정고시로 합격하고 여수정보과학고에 진학한 뒤 달라졌다.

그녀는 자기와의 싸움 끝에 연세대학교 영문과에 진학했다. 졸업 후에는 남들이 부러워하는 골드만삭스에 입사했다. 그러나 기쁨도 잠시 청천벽력과도 같은 암 진단을 받았다.
"이렇게 열심히 살아왔는데 왜 하필 나에게 이런 일이 생겼을까 싶어 억울했어요." 그녀는 죽음의 문턱에서 73가지의 버킷리스트를 써 보았다. 해외에서 커리어

쌓기, 고향에 부모님 집 사드리기, 마라톤 완주하기, 타임지 올해의 인물, 자선재단 세우기 등등 암 수술을 마친 후 자신이 써 내려간 꿈들을 완성하기 위해 2005년 영국으로 떠났고 수십 번의 도전 끝에 지금의 직장을 얻었다. 33번째 꿈인 '오프라 윈프리 쇼'에 출연했던 그녀는 "절망적인 청소년 시절, 모두가 나를 보며 참담한 인생을 살게 될 거라고 생각했지만 나는 내가 젊다는 이유 하나만으로도 나도 괜찮은 미래를 가질 수 있다는 생각을 하였다"고 말했다.

그녀는 "어렵고 힘든 삶을 살아오면서 항상 진로의 기로에서 올바른 결정을 할 수 있었던 것은 나 자신의 꿈과 자신을 믿었기 때문이었다"고 자신 있게 말했다.

출처: 경향신문 기사

1. 어려운 환경에서도 꿈을 향해 성공한 그녀가 청년들의 롤모델이 되었던 것은 왜, 무엇 때문일까?

______________________________

______________________________

2. 김수영 씨가 가졌던 자기관리의 성품과 자질에는 무엇이 있었을까요?

______________________________

______________________________

Chapter

# 07

# 인사관리와 조직관리

1. 인사관리 따라잡기
2. 조직관리 따라잡기
3. 스마트한 조직 만들기

# 인사관리와 조직관리

## 1 인사관리 따라잡기

제네럴 일렉트릭(GE)의 잭 웰치(Jack Welch) CEO는 인재개발을 위하여 사내 교육연수원인 크로튼빌 연수원을 세우는 데 막대한 예산을 투입하였다. 주위의 경영자들은 구조조정 때문에 공장을 매각하는데 비효율적인 연수원에 막대한 예산을 투입하는 것이 부적절하다는 것이었다. 그러나 시간은 인적자원의 중요성을 인식한 웰치의 판단이 옳았음을 증명하였다. “내 업무 시간의 70%는 인재를 발굴하는 데 사용한다”고 했던 그는 자신의 사무실에 “전략보다 사람이 우선한다”는 문구를 붙여 두고 이를 실천에 옮긴 것이다. 제네럴 일렉트릭은 경영환경이 매우 어려운 여건이었으나 직원들을 믿고 투자해 준 기업의 배려에 직원들은 열정적인 헌신으로 매년 높은 성장을 거듭한 것이었다.

## 1. 인사관리의 정의

인사관리란 기업에 있어 사람과 관련된 모든 활동으로 기업이 필요로 하는 인재를 선발하고, 교육하며, 활용하고, 보상하는 직원의 제반 관리에 대한 경영 활동을 말한다. 이러한 인사관리는 인력계획 수립부터 시작하여 필요한 인력의 모집 · 선발, 교육훈련 및 업무평가를 통한 보상관리까지를 포함한다.

구체적으로 보면 어느 정도의 인원이 어느 부서에 필요한지를 파악하여 인력 수급계획을 세운 다음, 기업에서 필요한 능력을 갖춘 인적자원을 모집하며, 그 가운데 가장 적합한 인력을 채용하게 된다. 선발된 사원은 교육훈련 및 경력개발을 통하여 기업에 필요한 업무나 능력을 배양하고 적합한 부서에 배치하게 된다.

각 부서에서 근무하게 되면 보통 1년 단위로 해당 업적을 평가하여 승진이나 인센티브 지급, 이동 등을 하게 되는데 이때 불필요한 인력의 이직을 막기 위해 직원들에 대한 유지관리도 중요하다.

이러한 인사관리의 주된 목표는 직원 각자의 자질과 능력을 효과적이고 효율적으로 활용함으로써 기업의 목표를 가장 능률적, 경제적으로 달성하려는 데 있으며 다음과 같다.

(1) **채용관리** – 우수한 인력을 어떻게 채용할 것인가?

(2) **개발관리** – 직원들의 잠재력을 어떻게 개발하여 그들의 능력을 최대한 발휘하도록 할 것인가?

(3) **보상관리** – 직원들이 창출한 실적과 가치에 대해 금전적, 비금전적인 보상을 어떻게 할 것인가?

(4) **유지관리** – 어떻게 하면 직원들의 사기를 높게 유지시키고, 조직의 목표 달성에 자발적으로 최선을 다할 수 있도록 할 것인가?

## 2. 채용관리

채용관리는 필요한 인력을 확보하는 데서 시작된다. 채용관리란 인력수급계획을 수립한 후 이에 근거하여 모집, 선발, 배치를 하는 것이다.

### (1) 인력수급계획 수립

인력수급계획은 현재 및 미래의 시점에서 기업이 필요로 하는 인력을 판단하고 예측하여 이에 대한 조직 내에 공급을 하여 적절히 조화시킬 수 있는 계획을 수립하는 것이다.

인력에 대한 수요는 기업 내부에서 파악할 수 있기 때문에 사전에 계획을 수립하는 것이 중요한데 인력수급계획이 중요한 이유는 인적자원은 다른 자원과 달리 기업이 특정인력을 갑자기 필요로 할 때 적당한 사람을 찾기가 쉽지 않다는 데 있다.

### (2) 모집

모집이란 기업이 필요로 하는 능력 있는 인력을 기업 내로 끌어드리는 채용활동을 말한다. 즉, 기업에서 필요로 하는 사람들이 적극적으로 지원하도록 정보를 제공하고 동기를 유발하는 활동이다. 이때 모집방법은 모집대상자를 내부에서 찾느냐 외부에서 찾느냐에 따라 사내모집과 외부모집으로 구분된다.

#### ❶ 사내모집

사내모집은 자격을 갖춘 직원 중에서 승진이나 이동배치를 통해 인력을 충원하는 방법이다. 일반적으로 기업에 비치된 이력서나 근무경력을 통해 직무에 적합한 인력을 찾아내는 방법과 특수한 경우, 예를 들면, 해외에 근무하거나 외국어가 필요한 경우에는 사내 공모를 통하여 필요한 인력을 충원하는 경우이다.

### ❷ 사외모집

사외모집은 신문 · 잡지 · SNS 홍보 등의 매체를 활용하여 외부인력의 자발적 응모를 통해 채용한다. 요즘은 청년 취업난이 심화되어 우수한 인력을 조직에 채용하기가 좋은데 대학교의 취업지원센터에 의뢰하여 교수추천 제도를 통하여 선발하는 것도 좋은 방법이다. 이렇게 모집이 이루어지고 나면 지원자집단이 형성되는데, 이들 중 적임자를 골라내는 선발과정을 거치게 된다.

## (3) 선발

모집을 통해서 응모된 지원자 중에서 기업이 필요로 하는 가장 적합한 사람을 찾는 과정이 선발이다. 기업에 필요한 우수인력의 선발은 조직에 큰 영향을 미치기 때문에 매우 중요한 경영활동이다. 사전에 제출된 입사지원서, 이력서, 자기소개서, 포트폴리오 등과 같은 자료를 통한 서류전형과 시험, 면접, 발표 등과 같은 다양한 방법이 동원되어 적격자를 찾는다.

〈표 7-1〉 신입사원 채용 평가기준 - 사람인, 2014년 상반기 채용 162개사 인사담당자, 복수 응답

| 단계 | 신입사원 평가기준(가장 많이 보는 비율 순) |
|---|---|
| 이력서 | 전공 50%, 인턴 등 실무경력 40%, 자격증 32%, 나이 29.6%<br>거주지역 28%, 학력 27% 등 |
| 자기소개서 | 지원동기 34%, 성격(인성) 및 장단점 33%, 가치관 및 생활신조 32%<br>입사 후 포부 30%, 목표달성(성과) 경험 26% 등 |
| 면접 | 성실성 42%, 직무지식/능력 40%, 적극성 38%, 지원동기 36%,<br>직무비전 34% 등 |
| 기타 | 직무역량과 인성 중에는 인성이 가장 중요하다는 응답이 세 배 이상 |

## (4) 배치

배치란 신입으로 선발된 인력을 각 직무에 배속시키는 것을 말하는데 선발된 인력이 다양한 직무와 직원들과의 관계에서 잘 화합하고 융화하여 자신의 실력과 역량을 최대한 발휘할 수 있도록 하여야 한다. 선발이 우수한 능력을 가진 사람을 골라내는 단계라면, 배치는 선발된 인력을 특정직무의 요건에 맞는 사람을 찾는 단계이다.

선발된 인력은 기업의 효율성을 고려해서 기업이 개인에게 기대하는 만큼 적재적소 배치가 필연적이며, 무엇보다도 배치 시에는 개인의 능력이 최대한 발휘될 수 있도록 올바르게 배치하고, 평가하여 그 평가가 개개인의 능력과 조직의 업적으로 만족도를 느끼게 하여야 한다. 개인의 능력과 조직의 배치가 조화를 이루어 전체적인 균형을 잃지 않도록 하여야 한다.

# 3. 개발관리

개발관리는 채용된 인력에 대해 개개인의 역량뿐만 아니라 현재의 직무를 원활히 수행하는 데 필요한 기능과 수준을 높이기 위한 기업차원의 경영활동을 말한다. 개발관리의 주요 활동에는 경력관리, 이동/승진관리, 교육훈련 등이 있다.

## (1) 경력관리

경력관리 또는 경력개발(CDP; Career Development Program)관리는 직원 개개인이 각자 자신의 경력의 성장을 기하면서 동시에 기업의 목표를 달성할 수 있도록 개인의 경력을 개발하는 경영활동이다. 직원들은 누구나 기업에 입사하면서 나름대로의 목표나 포부를 갖게 된다. 사장이 되겠다는 당찬 야심도 있고, 최고 전문가가 되겠다는 자신감을 갖기도 한다. 이러한 목표를 달성하기 위해 기업에서는 그에 걸맞는 경력을 쌓고 달성될 수 있도록 하는데, 이런 개개인의 성장이 기업의 성장으로 연계되도록 경력관리 활동을 해 나간다.

### (2) 이동 및 승진관리

기업에서 직원들을 대상으로 이루어지는 인사이동은 크게 수직적 이동과 수평적 이동이 있는데 수직적 이동은 승진, 강등이 있고 수평적 이동은 능력개발이 목적인 직무순환이 있다.

#### ❶ 승진

승진은 직급과 보수가 상승하면서 권한과 책임이 커지는 것을 말한다. 승진은 직원의 입장에서는 개인의 자아발전 욕구를 충족시키고 기업 입장에서는 더 많은 능력을 발휘하도록 보상의 측면이 있지만, 탈락하는 경우에는 직원은 물론 조직에게도 많은 영향을 끼친다. 따라서 직원 개개인의 관점뿐만이 아니라 조직의 전체적인 관점에서도 객관적이고 합리적인 타당한 승진제도와 승진 사유가 명확하여야 한다.

요즘은 직급을 높여 경영활동을 증대시키는 이른바 인플레 직급을 부여하기도 한다. 예를 들면, 직급이나 연봉은 과장급이지만 직책은 본부장으로 명명하기도 하는 것이다.

### ❷ 직무순환

직무순환은 다양한 직무를 경험하게 함으로써 관리자가 되기 위한 종합적인 역량을 쌓도록 하는 것과, 폭넓은 직무경험을 함으로써 성장기회를 제공해 주는 외에도 인력공백이 생길 경우에 그에 충원하기 위한 목적도 있다. 또한 동일한 직무를 오래 맡음으로써 발생하는 매너리즘과 부정 등을 막을 수 있는 장점도 있다. 특히 경리나 회계업무의 경우에는 2~3년마다 정기적 순환을 하는 것이 좋다.

## (3) 교육훈련

새로이 직원을 선발하였으면 기업은 채용한 종업원들이 기업 환경과 자신들이 수행할 직무에 적응하고 조직에서 필요한 기본적인 지식, 능력, 태도 등을 습득하기 위해 체계적이고 종합적인 교육훈련을 실시한다. 이런 교육은 직무현장에서 직무를 수행하는 데 이루어지는 현장 교육훈련과 직무현장 외 교육훈련으로 구분된다.

기업의 규모가 커지면 교육부서가 필요하기도 하지만 일반적으로 자체교육, 외부교육 및 요즈음은 e-러닝으로 통칭되는 인터넷에 의한 교육도 활발히 이루어지고 있다.

# 4. 보상관리

보상이란 기업목표에 의한 각자의 기여도에 따라 상응하는 보상이 이루어지는 것을 말한다. 크게 임금과 복리후생이 있는데 보상이 이루어지면 직원의 입장에서는 소득이지만 기업의 입장에서는 비용이다. 보상은 직원들에게 경제적

만족감이나 잠재능력의 개발, 동기부여의 수단이 될 수 있어야 하며 그 과정에서 개인의 성과도 높일 수 있어야 한다.

스타트업 기업의 경우 업계 평균 정도의 적정한 임금수준을 유지하고 이익이 초과되는 경우에 인센티브를 주는 방법이 과도한 비용의 낭비를 제한할 수 있다. 또한 너무 과도한 긴축 경영이나 현저히 낮은 임금과 보상체계는 직원들의 의욕이 낮아지고 생산성이 떨어지는 연관성이 있어 이를 적절하게 운영하는 것이 중요하다.

## 5. 유지관리

아무리 뛰어나고 우수한 인재를 확보하여 우리 기업에 큰 공헌을 하고 있다 하더라도 그 인재가 다른 회사로 옮겨 가 버리면 아무런 소용이 없다. 우리 기업에 도움이 되는 인재가 다른 곳으로 옮기지 않고 우리 기업에 남아 지속적으로 충성을 다할 수 있도록 관리하는 경영활동이 유지관리이다. 주로 직원들과의 관계를 형성하여 가족과 같은 조직을 만들어 나가는 것이 좋다.

### (1) 제안제도

조직의 운영이나 직무수행에 관련된 여러 가지 개선안을 직원들이 제안하도록 하고 우수한 제안에 대해서는 적절하게 보상해 주는 제도이다. 내 의견이 경영에 반영된다는 점에서 충성심이 좋아진다.

### (2) 고충처리제도

직원들의 불평이나 불만을 모아서 이를 해결하고 지원해 주는 제도이다. 단체교섭과 같은 대항적인 방법으로 해결하기에 앞서 그 원인을 해결하는 데 유용하다.

### (3) 사기조사

기업 전체 또는 부서별 조직에 대하여 개인들이 갖고 있는 긍정적인 태도나 만족도를 파악하여 개선해 나가는 방법이다.

## 2 조직관리 따라잡기

조직이란 어떤 공동의 목적을 달성하기 위하여 분업을 통해 함께 일하는 사람들의 집합체로서, 조직이 존재하는 이유는 조직을 통해 보다 많은 것을 달성할 수 있기 때문이다. 이러한 조직은 직원의 입장에서는 삶의 터전이며, 개인적인 만족감과 자아실현 욕구를 성취할 수 있는 장소를 제공하여 주는 것이다.

### 1. 조직구조의 형태

조직구조가 정해지면 비록 소규모라 할지라도 조직 계층에 의한 권한과 책임을 부여하고 적절하게 명시하여 그대로 지켜질 때 조직화되었다고 한다.

### (1) 라인조직

라인조직은 대표자로부터 신입사원에 이르기까지 지휘, 명령, 통제 등의 계통이 일직선상에 의해 이루어지는 조직형태로서 스타트업 기업의 경우 초기에 이런 조직구조를 갖는다.

명령계통이 단순명료하므로 책임과 권한의 소재가 분명하며, 조직의 질서와 규율의 확보가 용이하다. 경영활동에 대한 신속한 일처리가 된다는 장점이 있는 반면 대표자의 독선적 리더십에 따라 직원들의 의욕이 떨어지고 창의력 발휘가 어려운 점도 있다.

### (2) 라인 · 스텝조직

라인 · 스텝조직은 참모식 경영조직으로 기획이나 기술, 연구 등에 대해 참모역할을 하는 스텝조직은 이 부문의 전문가에 의해 구성되고, 집행기관의 역할을 하는 라인부문에 대하여 조언과 지원을 할 뿐 업무의 실행을 직접 하지는 않는다. 전문적인 스텝의 도움을 받으면서 효과적인 경영활동이 가능하여 안정감을 얻을 수 있으며, 우리나라 기업의 경우 보통 이러한 조직형태로 운영이 되고 있다.

### (3) 프로젝트조직

프로젝트조직은 어떤 특정 과제나 목표를 달성하기 위하여 만들어지는 임시적 조직으로, 프로젝트팀(Project Team) 또는 태스크포스팀(Task Force Team)이라고 한다.

프로젝트조직은 프로젝트의 진행에 따라 인적구성의 탄력성을 유지할 수 있고, 구성원은 프로젝트의 목표달성을 지향하기 때문에 개인의 이해보다 과제의

해결을 우선하고 있어 경영환경 변화에 적응성이 높은 조직이다. 조직은 과제에 필요한 인력을 차출하여 필요한 기간만 운영하고 다시 현업 부서로 복귀하는 동태적인 조직이다.

### (4) 사업부단위조직

기업의 규모가 커지면 대표자가 모든 의사결정을 할 수 없기 때문에 사업부제로 조직을 구성하고 책임과 권한을 단위조직 장에게 확실히 위임하는 분권적 조직이다. 사업부를 중심으로 책임경영을 하도록 하며 각 사업부단위의 책임자는 자기 사업부를 하나의 독립된 사업체로 인식하여 경영하게 되므로 각 사업부의 구성원이 자기 사업부를 위해 더 많은 노력을 기울인다.

## 2. 집권적 조직과 분권적 조직

스타트업 기업과 같이 조직의 권한이 상위계층에 집중되는 집권적 조직과, 권한이 하위조직에 위임되는 분권적 조직의 특성은 다르다. 다만 분권적 조직이 집권적 조직에 비해 효율성과 경쟁우위가 있는 조직으로서 경쟁력을 갖는다.

### (1) 집권적 조직

❶ **장점**: 일관된 정책과 방침을 유지할 수 있고 대표자의 지식과 경험, 네트워크를 이용할 수 있다.

❷ **단점**: 대표자의 독재성이 강하고 의존성 증대로 하위 계층의 창의력 개발이 어려우며 의사결정의 신속성이 결여된다.

### (2) 분권적 조직

❶ 장점: 의사결정이 신속하게 이루어지며 직원들의 사기를 진작시킬 수 있고 유능한 관리자를 양성할 수 있다.

❷ 단점: 부서 간의 이해 대립이 있을 수 있으며 공동비용의 발생으로 비용증가의 가능성이 있다.

## 3. 효율적인 조직의 새로운 경향

조직을 만들고 운영하는 데 있어서 비용을 절감하고 성과를 높이며 직원들의 참여도를 높이기 위한 다각적인 방법이 모색되고 있다.

### (1) 명령단계의 축소

조직의 수직적인 위계단계에서 관리상 불필요한 단계를 제거하면 명령단계가 축소되어 보다 능률적인 조직을 만들 수 있다. 가능한 권한과 책임을 위임하는 조직을 통해 신속한 의사결정과 업무수행을 효율적으로 운영한다.

### (2) 스텝부문의 축소

스텝의 원래 기능은 라인조직에 조언을 하는 것인데 당초 의도와 달리 많은 조직에서 스텝의 조언으로 인해 얻는 효과와 이익보다 관리상 비용이 더 큰 것으로 나타나고 있다. 또한 스텝과 라인의 갈등이 종종 발생하기도 한다. 본사 인력을 줄이고 현장 인력을 늘리는 경우가 이러한 것이다.

### (3) 분권화와 집권화 동시 진행

분권화와 집권화는 상충되는 것이지만 현실적으로는 동시에 진행되고 있다. 분권화는 의사결정 권한 및 책임을 하부로 위임하는 경향이 확산됨에 따라 필연적으로 발생하고 있으며, 정보시스템, IT 기술의 발달로 집권화의 관리통제도 동시에 일어나고 있다.

### (4) 조직 간 경쟁과 협력 추구

기업의 각 부서, 예컨대 사업부 단위로 실적과 성과를 평가하여 보상을 하는 것이 일반화되고 있다. 성과를 극대화하고자 하는 평가보상시스템은 부서 간의 지나친 경쟁과 시기심을 유발하기도 하지만 부서 간에 적절한 협조를 이룬다면 경쟁과 동시에 균형 잡힌 조직을 만들어 나갈 수 있다.

## 3 스마트한 조직 만들기

조직이란 공동의 목표를 위하여 구성된 하나의 단위이다. 소규모 회사는 그 자체가 하나의 팀이 될 수 있으며, 규모가 되는 기업은 그룹화된 크고 작은 팀이 각각의 업무를 수행한다. 기업은 이런 각각의 조직들이 서로 시너지를 내고 협력할 때 기업의 목표를 달성할 수 있다. 스타트업 기업의 대표는 이런 살아있는 유기적인 조직을 만들고 싶어 할 것이다.

## 1. 심리적 안정감의 조직

심리적으로 안정감이 있는 조직에서 근무하는 사람들은 스스럼없이 아이디어를 제시하고 질문을 하며 우려를 표현할 수 있다.

### (1) 제 목소리를 낸다

심리적으로 안정된 환경에서는 자신에게 불리하고 무안한 사실을 공개할 때라도 상대방의 반응에 신경을 덜 쓰게 된다.

### (2) 생산적이 된다

두려움에 휩싸인 뇌는 탐색, 디자인, 분석 등의 활동을 충분히 수행하지 못한다. 심리적 안정감은 스스로를 표현하게 하고 생산적인 토론을 가능하게 하며 갈등을 효과적으로 처리할 수 있게 한다.

### (3) 실패를 인정하고 혁신해 나간다

심리적으로 안정된 환경에서는 자신의 오류를 인정하고 그에 대해 논의할 수 있다. 의견을 나누는 것에 대한 두려움이 없다면 새로운 아이디어와 가능성을 제안하게 되고 그것이 제품이나 서비스의 혁신으로 이어질 수 있다.

### (4) 책임감이 증가한다

심리적 안정감은 관대한 분위기를 만들기보다는 도전적인 목표를 달성하는 것을 더 선호하도록 이끌며 자기 보호보다 자신의 목표를 이루는 데 좀 더 집중할 수 있다.

## 2. 심리적 안정감을 조성하는 방법

조직의 심리적 안정감과 환경을 조성하기 위해서는 다음과 같은 노력을 기울여야 하며 조직의 문화는 단기적보다는 장기간에 걸친 문화적인 산물이 중요하다.

### (1) 쉽게 다가갈 수 있는 사람이 되라

쉽게 다가갈 수 있고 겉돌지 않으며 직접 참여하여 함께 배우고 직원(팀원)들을 칭찬하고 독려한다.

### (2) 자신에게 한계가 있다는 것을 인정하라

대표나 리더가 본인의 한계를 인정함으로써 직원들의 실수를 어느 정도는 용납한다는 것을 보이며, 자신이 알지 못하는 부분을 인정하면 팀원들은 더 적극적으로 참여하게 된다.

### (3) 직접적으로 말하고 참여를 유도하라

직접적이고 행동으로 옮길 수 있는 어투를 사용하면 직설적이고 생산적인 토론을 할 수 있다. 대표나 리더가 자신의 의견을 존중하고 인정한다는 것을 알게 되면 직원들은 더 적극적으로 나서게 된다.

### (4) 경계를 정하고 책임을 물어라

대표나 리더가 무엇을 정하고 그것을 용납하고 무엇을 할 수 없는지 분명한

선을 그어라. 그럴 때 직원들은 경계가 모호하거나 예측하지 못하는 상황이 생겼을 때 안심하게 된다. 만약 누군가가 사전에 합의한 경계를 넘거나 기준을 무시하면 공정하고 일관된 방식으로 책임을 추궁하라.

## 3. 근무환경에 존재하는 대인관계 리스크

빈도의 차이 그리고 눈에 보이든, 보이지 않든 차이만 있을 뿐 대부분의 사람은 끊임없는 평가를 받고 있다. 다음과 같은 직원들이 제 목소리를 내려는 의지를 꺾기 때문에 조직에 이런 일들이 발생되니 않도록 하여야 한다.

### (1) 무지하다는 안식

질문을 하거나 정보를 구하면 무지하다는 취급을 받을 수 있다. 질문을 하는 사람이 없다는 것은 이미 모두가 그 정보를 알고 있다는 것을 의미하기 때문에 혼자만 바보처럼 질문하게 되는 것을 주저하게 만든다.

### (2) 무능하다는 인식

실수를 인정하거나 도움을 청하고 실패할 가능성이 큰 일을 시도한다면 무능하다는 취급을 받을 수 있다. 만일 자신이 시도한 것이 뜻대로 되지 않았음을 인정한다면 자신이 무능하거나 그 일을 수행하기가 적합하지 않은 사람이라는 신호를 동료에게 보낸다.

### (3) 부정적이라는 인식

사람들은 부정적인 생각을 한다고 취급받기 싫기 때문에 대부분 부정적인 평가를 하지 않는다. 특히 상대의 성과를 비평하는 것은 동료에게 함께 일하기 힘든 사람이라는 믿음을 줄 수 있다.

### (4) 물의를 빚는다는 인식

물의를 빚거나 다른 사람의 시간을 뺏는 것을 두려워 해 피드백을 구하거나 도움을 청하는 것을 피한다. 부정적인 말을 듣기를 꺼려서 그런 경우도 있지만 다른 사람에게 피해를 주거나 스스로 일을 해낼 수 없는 사람으로 보이기 싫어서 그렇다.

## 4. 조직의 의사결정 훈련

### (1) 합리적 의사결정의 특징

조직단위의 의사결정의 순간에 각기 다른 성향과 특징을 나타나게 된다. 의사결정의 유형별 특징을 통해 조직과 개인의 의사결정 과정에서 지혜롭고 신중한 자기관리를 할 수 있다.

〈표 7-2〉 조직단위 의사결정의 유형별 특징

| 유형 | 유형별 주요 특징 |
|---|---|
| 합리적 유형 | 의사결정을 전체적이고 종합적인 시각에서 볼 수 있다. 조직의 상황에 대한 정확한 정보를 수집하고 종합적으로 결정을 내리고 그 결정에 대해 책임을 진다.<br>① 의사결정이 신중하고 합리적이다.<br>② 심리적 독립과 성장에 도움이 된다.<br>③ 잘못되거나 실패할 확률이 낮다.<br>④ 의사결정에 시간이 걸린다. |
| 직관적 유형 | 미래를 별로 고려하지 않고 현재의 감정에 주의를 기울인다. 정보 탐색이나 논리적인 평가 없이 상상과 정서적 생각에 근거해서 결정을 내리지만 그 결정에 대해서는 책임을 진다.<br>① 의사결정이 즉흥적이고 감정적이다.<br>② 스스로의 선택에 책임을 진다.<br>③ 잘못되거나 실패할 확률이 높다.<br>④ 의사결정이 신속하고 빠르다. |
| 의존적 유형 | 사회적 안정에 대한 욕구가 강하고 의사결정 상황이 여러 가지에 제한받는다고 생각한다. 의사결정 과정에서 대표자나 부서장에 의한 영향을 많이 받고 결정에 대한 책임을 부정한다.<br>① 의사결정이 수동적이고 순종적이다.<br>② 개인적 독립이나 성숙을 방해한다.<br>③ 실패했을 땐 남의 탓을 한다.<br>④ 결정을 내릴 때 정서적으로 불안해 한다. |

## (2) 합리적 의사결정을 위한 진단 질문법

〈표 7-3〉 5W 1H 질문법

| 5W 1H | 질문 형태 | 체크 포인트 |
|---|---|---|
| Why | 이 일을 왜 하는가?<br>(목적) | 그것을 중지할 수 없는가?<br>일부를 변경하면 어떨까? |
| When | 언제 할 것인가?<br>(시기, 시간) | 시기를 바꿀 수 없는가?<br>동시에 할 수 없는가? |

| 5W 1H | 질문 형태 | 체크 포인트 |
|---|---|---|
| Who | 조직에서 누가 하는가?<br>(사람, 부서) | 사람을 바꿀 수 없는가?<br>그 사람이 추가로 담당하면 어떨까? |
| Where | 어디서 할 것인가?<br>(장소) | 장소를 바꿀 수 없는가?<br>같은 자리에서 할 수 없는가? |
| What | 무엇을 할 것인가?<br>(대상) | 그것이 아니면 안 되는가?<br>모양을 변경할 수 없는가? |
| How | 어떻게 하는가?<br>(방법) | 다른 방법은 없는가?<br>더 축소(연장)할 수 없는가? |

# Chapter 08

# 마케팅과 고객관리

1. 마케팅 따라잡기
2. 마케팅 전략과 경영
3. 고객관리 따라잡기

Chapter 08

# 마케팅과 고객관리

## 1 마케팅 따라잡기

### 1. 마케팅의 정의

마케팅이란 고객을 다루고 있다는 점에서 다른 어떤 경영기능보다 중요하다. 마케팅은 '수익성을 가진 고객을 관리하는 과정'으로 함축적으로 정의될 수 있으며, 마케팅의 두 가지 목표는 탁월한 가치를 제공하고 신규고객을 유인하는 것과, 만족을 제공하여 기존고객을 키워 나가는 것이다. 결국 마케팅을 정의하면 '고객가치를 창출하고 그 대가로 높은 시장성과를 실현하는 과정'이라고 할 것이다. 다음은 잘 알려진 기업의 마케팅을 정의한 사례이다.

### (1) 맥도널드

맥도널드는 전 세계에 걸쳐 그 나라 국민들이 좋아하는 장소이면서 그들의 식사방식의 하나가 됨으로써 광고에서 주장하는 'I am lovin' it'을 실현한다. 그 결과로 동일 업종의 주요 경쟁사 3사를 합친 것보다 더 많은 점유율을 차지하고 있다.

### (2) 월마트

월마트는 '돈도 절약하면서 더 나은 삶을 사세요(Save Money, Live Better)'라는 약속을 실행에 옮김으로써 세계에서 가장 큰 소매기업, 나아가 세계에서 가장 큰 기업이 되었다. 항상 저가의 질 좋은 상품을 제공하겠다는 약속을 고객에게 실제로 전달함으로써 세계에서 가장 큰 소매기업이 된 것이다.

### (3) 디즈니랜드

디즈니 테마파크는 오늘 바로 꿈을 실현해 주겠다는 약속을 실천하여 성공을 이루었다. 성공한 우량 기업들은 고객에게 신경을 쓰면 자연스럽게 높은 점유율과 이익이 따라온다는 것을 안다.

우리는 마케팅에 대해 많은 것을 알고 있고 실제로 우리는 일상생활에서 마케팅에 에워싸여 있다. 근처 쇼핑몰에서 마케팅의 결과물인 많은 제품들을 볼 수 있으며, 인터넷을 가득 채우는 광고물을 보면서 수많은 마케팅을 보고 있고 느끼고 있는 것이다. 그러나 마케팅은 고객들의 시야에 우연적으로 들어오는 것 이상의 의미를 갖는다. 우리의 눈을 사로잡는 것의 이면에는 우리의 구매를 끌어 내기 위해 서로 경쟁하는 기업과 사람들의 대규모 네트워크가 존재한다.

## 2. 마케팅 과정

일반적인 마케팅의 과정은 5단계로 구분하는데 1~4단계를 통해 기업은 고객을 이해하고, 고객 가치를 창출하고, 그리고 강력한 고객관계를 구축하기 위해 노력한다. 마지막 단계에서는 기업은 탁월한 고객가치를 창출한 대가로 보상(높은 매출과 이익증대, 브랜드 충성도 제고 등)을 받게 된다.

즉, 고객을 위한 가치창출을 통해 기업은 그 대가로 고객들로부터 가치의 일부를 보상받게 되는데 이는 높은 매출과 이익, 그리고 장기적 고객자산의 형태를 보여 준다.

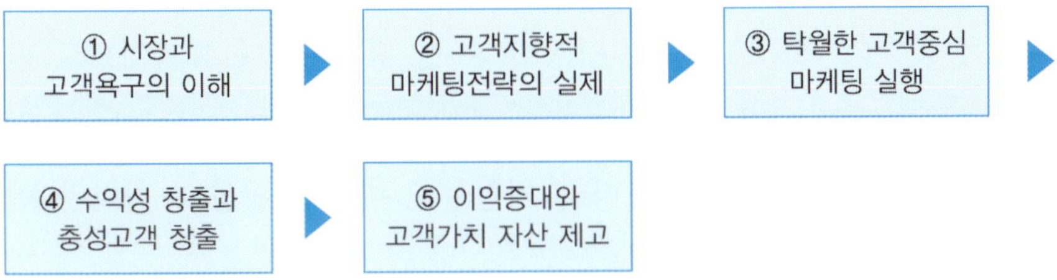


## 3. 경영철학과 마케팅

기업과 고객의 교환과정을 마케팅의 본질이라고 본다면, 이러한 마케팅 노력의 지침이 되는 기업의 경영철학은 기업의 중요한 핵심이 된다. 기업의 경영철학은 마케팅 환경의 변화에 따라 다른 형태를 띠게 되었다. 기업의 경영철학은 크게 생산개념과 마케팅으로 구분된다.

## (1) 생산개념

1960~70년대에는 소득수준이 낮아 고객의 구매력이 낮고 제품원가가 높아 기업에서는 생산개념을 도입하여 대량생산과 생산성 향상을 통한 원가절감에 경영의 초점을 두었다.

1980년대 이후에는 고객들의 소득수준이 높아지고 욕구가 다양화됨에 따라 기업 간 경쟁이 심화되었다. 이런 환경변화에 따라 기업들은 마케팅 콘셉트를 도입하여 새로운 경영철학으로 삼게 되었다.

## (2) 마케팅

마케팅은 고객의 욕구를 먼저 파악하고 이를 경쟁사보다 효과적으로 만족시킬 수 있도록 기업의 여러 활동을 마케팅 중심으로 통합하는 것이다. 이러한 마케팅 콘셉트의 도입이 확대됨에 따라 기업들도 마케팅 활동에 커다란 변화가 일어났다.

① 고객욕구에 대한 정보를 획득하기 위하여 고객에 대한 조사와 분석이 활발해지고 있으며 다양화되고 있다. 특히 요즘은 '빅 데이터'라는 말을 쓰기 시작했으며 대학에서도 '빅 데이터' 학과를 설치하는 등 고객욕구 분석에 대한 다양한 시도가 일어나고 있다.

② 고객의 욕구가 다양화됨에 따라 모든 고객들을 동시에 만족시키는 것이 어렵게 되었다. 이에 따라 시장을 세분화하여 각각의 욕구를 충족하는 다양한 제품들을 개발하게 되었다.

③ 마케팅 콘셉트의 도입에 따라 고객의 취향에 맞는 다양한 매체와 광고대행사가 등장하게 되었고 새로운 유통업태가 출현하게 되었다.

# 2 마케팅 전략과 경영

마케팅 전략, 즉 노하우의 핵심은 STP이다. STP는 고객을 세분화(Segmentation)하고, 세분화된 고객들 중에서 목표고객을 설정하고(Targeting), 목표 고객의 마음에 자리 잡게(Positioning) 하는 것이다. 기억되지 못하는 상품은 선택될 수 없고 선택되지 못하면 사라지기 때문에 선택과 집중을 통해 고객의 마음속에 진입하여야 하는 전략이 STP이다.

## 1. 쪼개야 한다 – 세분화(Segmentation)

나뭇가지 여럿을 뭉쳐 한꺼번에 부러뜨리기는 힘들지만 하나씩 흩어 놓으면 부러뜨리기가 쉽다. 이처럼 하나씩 흩어 놓는 세분화는 쪼개 놓아야 구멍이 어디에 있는지, 어디를 공략해야 할지 윤곽을 잘 파악할 수 있기 때문이다.

고객을 세분화할 때 기준을 무엇으로 하고 어느 단계까지 세분화할 것인가는 시장 상황과 기업의 전략에 따라 결정할 수 있다.

〈표 8-1〉 음료 시장의 세분화

| Point | 고객층 | 심리요인 | 관련 상표 |
|---|---|---|---|
| 갈증, 흡수력 | 운동선수 | 갈증 해소, 운동 전, 후 | 게토레이 |
| 건강음료 | 중, 장년 | 보수적, 건강관리 | 영비천 |
| 시원함, 맛 | 젊은층 | 자기중심적, 감각적 | 탄산음료 |
| 다이어트 | 여성층 | 다이어트, 체중관리 | Fatdown |
| 기호음료 | 커피매니아 | 커피 선호, 분위기 | 카페라떼 |
| 숙취해소 | 남성층 | 스트레스, 건강 | 컨디션 |

## 2. 한 놈만 때린다 – 타게팅(Targeting)

'뭉치면 살고 흩어지면 죽는다'라는 말이 있다. 마케팅에서는 자원을 한 곳으로 집중할 때 효과가 크다. 스타트업 기업의 경우 자원이 한정되어 있기 때문에 상대할 대상들을 나열하여 그 가운데 적당한 놈을 하나 잡아 그 놈만 때리는 것이다.

결국 타게팅이란 표적시장을 결정하는 것을 말한다.

자동차 산업의 경우 소형차, 중형차, 대형차, 스포츠카, 승합차 등 각 시장의 세분화가 명확한 산업이며 존슨 앤 존슨의 경우도 초기 유아 계층을 목표 대상으로 선정하여 순하고 부드러움의 속성으로 성공한 케이스이다. 나중에는 청소년과 연약한 피부를 가진 성인층으로까지 목표고객의 범위를 확대함으로써 성공적인 영역 확장을 이루었다.

## 3. 마음속에 지리잡기 – 포지셔닝(Positioning)

마케팅에서 가장 중요하면서도 어려운 용어 가운데 하나가 포지셔닝이다. 포지션(Position)이란 자사와 경쟁사의 상품이 어디에 어느 정도 차이 나게 존재하고 있는지를 나타내는 것이다. 포지션은 위치를 나타내는 말이므로 경쟁사와의 위치를 나타내 주면 포지셔닝을 하기가 쉽다.

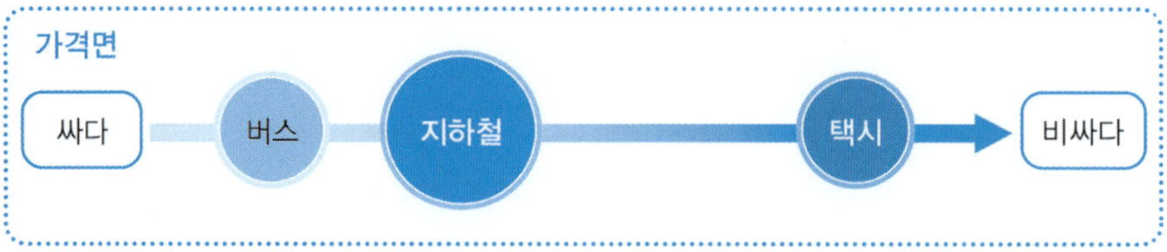

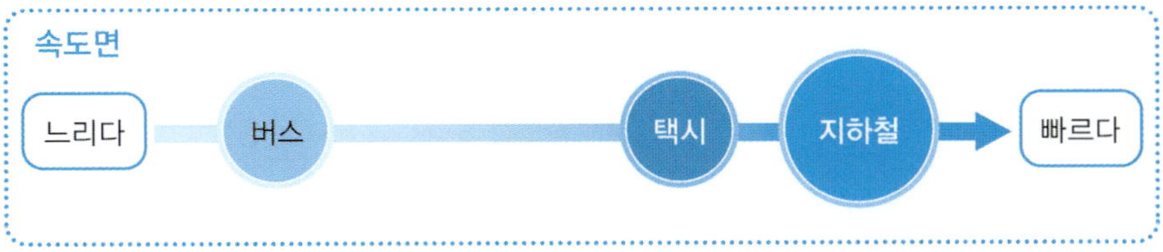


### 애니콜 사례

삼성전자 애니콜의 전반기 포지셔닝은 '한국 지형에 강하다'였다. 산악 지대가 많은 우리나라에서는 애니콜의 통화품질이 가장 우수하다는 점을 들었던 것이다. 시간이 지남에 따라 휴대폰의 기능이 음악, 동영상 등 즐기는 제품으로 인식되면서 '내 손 안의 더 큰 세상', 그리고 'Digital Exciting'으로 바뀌었고, 향후 포지셔닝은 또 다시 진화하게 될 것이다. 포지셔닝은 상품의 전략적 방향성을 갖고 있다.

## 4. 마케팅의 뉴 패러다임

최근 마케팅의 새로운 경향은 다양하게 구축된 고객의 정보 등을 활용한 시스템 마케팅이 확산되고 있고, 업태 간의 경계가 사라지고 있으며, 유통경로 혹은 점포(Off-line)에서 판다는 고정관념이 급속도로 무너지고 있는 등 인터넷, 모바일, SNS의 마케팅 기법이 빠르게 전개되고 있다. 스타트업 기업의 경우에는 초기 마케팅 비용이 많지 않으므로 저비용으로 다양하게 전개할 수 있는 모바일, SNS 등을 우선적으로 활용해 보는 것도 좋다.

## (1) DB 마케팅

DB 마케팅(Data-base Marketing)은 고객과의 관계를 구축하기 위한 유용한 정보를 구축하여 정보를 활용한 마케팅을 하는 것으로, 가장 기본적인 마케팅 방법이다. 미국의 항공회사는 DB마케팅을 잘 활용하여 출발 전에 탑승한 고객에 대한 자료를 파악, 승무원에게 자료를 주면 승무원은 고객이 좋아하는 와인, 음식, 취미까지 고려해 감동을 주는 것이다.

이는 더 많은 판매기회를 창출하고자 하기 때문에 보다 자세한 정보의 입수가 중요하며, 「개인정보보호법」의 적용에 따라 반드시 고객의 동의를 얻는 것이 매우 중요하다.

## (2) 인터넷, 모바일 마케팅

인터넷 마케팅(Internet Marketing)은 인터넷을 통하여 상품을 사고파는 마케팅을 말하며, 모바일 마케팅(Mobile Marketing)은 주호 핸드폰을 통하여 상품을 구매하는 마케팅을 말한다. 인터넷 마케팅은 홈페이지의 디스플레이 광고(배너광고), 동영상 광고, e-mail, 블로그(Blog) 등 다양한 방법을 활용한다. 이 중 e-mail이나 블로그 마케팅은 적은 비용으로 다수에게 동시에, 지속적으로 마케팅을 전개할 수 있는 유용한 방법이다.

2007년부터 본격적으로 도입하기 시작한 블로그(Blog) 마케팅은 블로그에 정보를 담아 광고를 하는 마케팅 기법이다. 고객들이 입력한 키워드에 의해 검색된 결과로 보여 주기 때문에 광고라기보다는 정보라는 인식을 갖게 되는 장점이 있다.

## (3) SNS 마케팅

SNS 마케팅(Social Network Service Marketing)은 소셜 미디어를 활용하여 전개하는 마케팅이다. 정보통신 기술과 기기가 발달하면서 SNS도 큰 힘을 발휘하고 있다. SNS는 주로 페이스북이나 트위터, 라인 같은 것을 말하는데 블로그도 넓은 의미의 SNS로 보기도 한다. 2014년 기준 전 세계 SNS 이용자는 18억 명 정도로 추산되는데, 이들은 상품뿐만 아니라 기업과의 관계, 양방향 소통을 통해 더욱 만족감을 보여 주고 있다.

## (4) 드러그 스토어(Drug store)

드러그 스토어는 편의점과 약국, 화장품 매장을 하나로 합친 것이다. CJ가 운영하는 드러그 스토어 '올리브영'은 병원 처방전에 따라 전문 의약품을 구입할 수 있을 뿐만 아니라 건강식품도 살 수 있고 일반 잡화도 살 수 있다. 현재 올리브영이 취급하고 있는 품목은 의약품, 건강식품, 의료용구, 화장품, 미용용품, 의료용품 등 다양한 제품을 판매하고 있다. 특히 화장품과 미용용품이 차지하는 비중은 50% 이상으로 기존 화장품 전문점과 약국을 위협함과 동시에 편의점을 대체하기도 한다.

## (5) 빅 데이터 마케팅

빅 데이터 마케팅(Big Data Marketung)은 많은 양의 정보, 즉 빅 데이터 분석을 통해 고객의 소비패턴과 선호도, 정보 등을 분석하여 구매할 가능성이 높은 고객에게 맞춤형 혜택을 제공하는 것을 말한다. 최근에는 금융, 유통, 의료, 통신 등 무형의 서비스를 제공하는 형태로까지 확대되고 있으며 많은 관심을 갖고 있는 마케팅 기법이다.

# 3 고객관리 따라잡기

고객관리의 핵심은 기업의 수익을 극대화하고 지속적인 성장을 촉진하고자 하는 경영활동의 중요한 요소이다. 고객과의 지속적인 관계유지를 위한 고객과의 관계(로열티) 형성이 중요한데 이는 경영의 최종 목적이자 지향점이다.

## 1. 고객중심 기업의 가치관

대표자(리더)는 기업에서 움직이는 로고(회사 상표)와 같다. 대표자의 행동 하나하나가 직원들에게 영향을 끼치기 때문이다. 세계 최대의 유통업체인 월마트의 창업자 샘 월튼(Sam Walton)은 수시로 매장을 돌아다니며 직원들과 담소를 나누는데 그가 전하는 메시지는 항상 똑같았다. 그는 시장점유율이나 매출 실적, 규칙 등을 들먹이지 않고 이렇게 말했다.

"우리 모두는 고객 가치를 만들어 내기 위하여 이곳에 모여 있습니다. 여러분은 자신이 하는 일에 자랑스러워할 자격이 충분히 있습니다." 월튼은 현장에서 항상 고객을 중요시하는 가치관을 강조하여 조직의 기업문화로 만든 것이다.

### (1) 대표의 가치관

대표자 자신부터 고객중심적 가치관을 확고히 하는 것이 중요하다. 그런 다음 직원들이 가치관을 잘 이해하고 있는지를 진단한다. 대표자의 가치관을 중심으로 기업의 가치관을 수립하는 연계성을 갖고 기업을 경영하는 것이 바람직하다.

### (2) 반복적 메시지 전달과 교육

고객만족경영은 '기업의 대표자가 중요하게 생각하는 고객중심의 가치를 직원들도 똑같이 중요하게 생각하도록 하는 경영'이라고 할 수 있다. 그러면 기업의 정체성이 뚜렷해지고 경영목표가 분명해지는 효과를 얻게 된다. 여기엔 여러 경로를 통한 반복적인 교육과 마인드 정립이 필요하다.

### (3) 구체적 언어로 소통

대표자는 회사의 비전과 핵심가치를 설정하고 그것을 달성하기 위한 전략을 수립하지만, 현장의 직원들은 이를 실천하기 위해 구체적으로 무엇을 해야 하는지 모른다. 구체적인 언어로 말해야 이해되고 행동으로 옮겨질 가능성이 높아진다. 예를 들면, '사무실에서 불조심 하라'보다는 '사무실에서 온열기 사용을 금지하라'가 구체적이다.

### (4) 가치관과 연계한 피드백

피드백이란 상사가 직원을 거울처럼 비춰 주는 것이다. 잘한 일에는 칭찬을, 즉 '지지적 피드백'을 하고, 잘못한 일에는 '발전적 피드백'을 해 줘야 한다. 이때 핵심가치와 연계해서 직원의 행동과 성과를 피드백해 주는 것이 좋다.

### (5) 직원에 대한 성과 보상

직원들이 기업의 비전과 핵심가치 실천에 동참했을 때 어떤 이익을 기대할 수 있는지를 분명히 제시하는 것이다. 직원들이 불만을 갖는 가장 큰 이유 중 하나는 '내가 고생하고 노력한 만큼 인정을 받지 못한다'는 것이다. 대표자는 직원들이 얻게 되는 이익이 무엇인지도 명확히 알려 주어야 한다.

## 2. 고객을 만족시키는 노하우

### (1) 고객이 필요로 하는 욕구를 충족시켜야 한다

기업은 고객의 태도에 대처해야 하며 고객이 원하는 실질적인 혜택과 욕구를 충족시켜야 한다. 즉, 고객의 관점에서 꼭 필요한 고객이 원하는 각자의 상황이나 욕구에 따라 충족시킬 수 있는 상품이나 서비스를 개발, 전달하여야 한다.

### (2) 고객이 스스로 판단하고 결정하도록 한다

고객이 원하는 욕구를 충족할 뿐만 아니라 편리하게 의사결정을 내릴 수 있도록 상품의 특징과 독특한 콘텐츠를 제공해 주어야 한다. 고객은 기업이 제공하는 정보들을 비교하고 판단하여 자신의 구매나 의사결정이 옳다는 결정을 내리려고 하기 때문이다. 따라서 직원들에 대한 지속적인 교육과 전문성이 중요하다.

### (3) 고객을 존중하고 구매 욕구를 유발해야 한다

고객을 상대로 수익을 창출하기 위해서는 고객에 대한 감사나 존중의 표시는 물론 이들 고객이 반복 구매나 계속적인 방문이 이루어지도록 고객과의 관계 마케팅이 필요하다. SMS나 사후 만족도를 확인하는 과정도 중요한 요소이다.

### (4) 고객을 개별화하고 차별화한다

고객들은 모두 성향이나 가치관이나 구매욕구가 다르다. 고객들을 개별화하고, 차별화하여 그룹을 나눈 다음 각각의 취향이나 유형에 따라 분리하여 관리한다. 고객들 개개인에 적합한 차별화된 마케팅과 프로모션을 전개하는 것이 좋다. 우량고객은 기업에 많은 수익을 가져다주지만 일부에 지나치므로 적극적이며 특별한 관리가 필요하다.

## 3. 숨어 있는 고객관리 노하우

### (1) 고객에게 선택의 권리를 제공하라

어느 마을에 라면을 파는 가게가 나란히 붙어 있다. 라면의 맛과 서비스는 비슷했는데 이상하게 한 가게가 고객이 항상 많았다. 오른쪽 가게는 고객이 들어오면 직원이 "계란을 넣을까요?"라고 물었고, 왼쪽 가게는 고객이 들어오면 직원이 "계란을 하나 넣을까요? 두 개 넣을까요?"라고 물었다. 계란을 선택하는 순간에도 고객에게 즐거움을 주어야 한다.

### (2) 고객에게 즐거움을 제공하라

고객들이 물건을 사는 데는 2가지 심리요소가 있는데 그것은 '실용적' 요소와 '쾌락적' 요소이다. 우리가 멋진 레스토랑에 가는 이유는 단순히 허기를 채우기 위해서라기보다는 연인과 즐거움을 보내고 레스토랑의 멋진 인테리어를 보기 위해 기꺼이 비싼 가격을 제공하는 것이다. 우린 라면으로 점심을 먹고 그보다 비싼 스타벅스 커피를 마시는 것이 이런 경우이다.

### (3) 고객의 생각을 파악하라

식사를 하고 있는데 갑자기 파리가 국물에 들어갔다. 고객이 식당 주인에게 항의를 하는데 주인은 "파리가 날아다니다 들어간 거니까 우리 잘못이 아니에요"라고 말한다. 물론 음식에 파리가 들어간 건 주인의 잘못이 아니지만 고객은 바꾸어 달라는 생각을 갖고 있는 것이다. 그러한 경우에도 새 음식으로 바꾸어 주면 고객은 그 식당을 계속 찾는 충성고객이 될 것이다. 여기에 이런 여유를 보이면 저 좋을 것이다. "파리도 너무 맛있어서 들어갔나 봅니다"

### (4) 고객의 시간을 뺏어라

엘리베이터를 개발한 '오티스' 기업은 빌딩들이 건축되면서 매출이 급상승했다. 그런데 매출이 늘어남과 동시에 초고층이 생기면서 엘리베이터 속도에 대한 불만들이 폭주하기 시작하였다. 고층까지 운행되는 시간에 고객들이 짜증을 내기 시작한 것이다. 그런데 어느 한 초고층 빌딩은 불만이 접수되지 않았다. 그 빌딩엔 건물관리인이 엘리베이터 안에 대형 거울을 붙여 놓은 것이었다. 고객들은 자신의 모습을 바라보며 신경 쓰느라 시간 가는 줄을 몰랐던 것이다.

### (5) 고객에게 사랑의 감정을 심어라

정크 푸드의 대명사인 맥도날드가 전 세계의 고객으로부터 꾸준히 선택받는 이유는 무엇일까? 바로 고객의 사랑 때문이다. 맥도날드는 곳곳에 매장을 두어 고객이 쉽게 찾을 수 있게 하고 적극적인 광고를 통해 브랜드에 대한 친근감을 극대화한다. 피터 드러커(Peter Drucker)는 "10초 안에 고객이 우리 제품을 선택해야 하는 이유를 이야기할 수 있어야 한다"고 말했다.

## 4. 고객만족 서비스 교육방법

최전방에서 근무하는 병사는 프로다. 말 그대로 총도 잘 쏘고 달리기도 잘한다. 만약 총도 제대로 못 쏘고 체력이 약하다면 최전방에 배치될 수 없을 것이다. 이들은 배치되기 전에 철저하게 훈련을 받는다.

### (1) 신입사원 교육

① 신입사원 각자마다 별도의 책임자를 임명한다.

② 서비스는 연습이 아니라 실전이다.

③ 처음에 고객만족 마인드를 잘못 이해하면 이를 개선하는 데 오래 걸린다.

### (2) 정기적인 교육의 효과

① 기본교육인 인사를 잘한다. 인사만 잘해도 고객은 무척 좋아한다.

② 서비스 교육은 반복적으로 해야 효과가 있다.

③ 직원들의 기본 교육이 잘 되어 있으면 매출이 올라간다.

④ 교육을 하지 않으면 직원들이 나태해질 수 있다.

### (3) 친절 띠 효과

① 띠를 두르면 번거롭지만 고객에게 친절하다는 메시지를 전달할 수 있다.

② 말로 하는 것보다 직접 몸으로 보여 주는 것이 고객만족 실천이다.

③ 띠를 두르면 직원들이 고객들에게 함부로 대하지 않는다.

④ 매장마다 직원들의 친절교육 수료증을 걸어 놓으면 효과가 있다.

### (4) 사무실 조회

① 매일 아침 조회를 실시한다. 고객만족에 대해 강조한다.

② 매일 돌아가면서 사원들을 칭찬한다. 칭찬 릴레이는 사원들이 선정하도록 한다.

③ 매일 회사가 정한 고객만족 경영문을 낭독한다.

생각해 봅시다

## 마케팅과 고객의 의사결정

고객들이 상품을 결정하거나 구입하는 의사결정에는 고객의 욕구와 심리에 많은 영향을 미치는 변수들이 복잡하게 얽혀져 있다. 이러한 고객의 욕구를 분석하고 이에 맞는 마케팅이 접목될 때 기업의 생산성은 높아지고 이익은 극대화될 수 있다.

**사례 ❶**

S건설회사의 마케팅부서에 근무하는 김 부장의 아내는 최근 TV 화질이 선명하지 않다는 생각을 하고 있었는데 마침 삼성 Curved UHD TV 광고가 나오자 TV를 새로 구입해야겠다는 생각이 들었다.

**사례 ❷**

TV를 사고 돌아오는 길에 7년간 타던 소나타 승용차가 문제를 일으켜 김 부장은 긴급히 차를 A/S센터에 맡기고 집으로 오면서 아무래도 새 차를 구입하여야 겠다는 생각을 하였다. 다음 날 출근길에 직장동료 박 부장의 그랜저를 함께 타고 가면서 그랜저에 대해 자세히 물어보았다. 처음부터 현대차를 애용해 온 박 부장은 가격과 품질 면에서 그랜저만한 차가 없다고 그랜저를 권유하였다.

**사례 ❸**

흰 소복을 차려입은 묘령의 여인이 긴 생머리를 풀어헤치고 나무 위에 앉아 있다. 언뜻 무서울 수 있지만 머리에 꽂은 커다란 여우 귀와 특유의 애교로 지나치는 관람객들의 시선을 붙잡는다. 이 여인의 정체는 한국 민속촌의 구미호 알바생이다. 민속촌에 다녀온 남자 관람객이 "구미호에게 홀려 버렸다"라고 후기를 남기며 입소문을 타기 시작했다.

**사례 ❹**

직장인 이 모 씨(35)는 퇴근 뒤 잠들기 전까지 스마트폰에 빠져 드는 것이 보통이다. 특히 남편과 함께 침대에 누워서도 2시간 정도 각자 뉴스검색, 주식시장 점검, 페이스북을 즐긴다. 그러나 바로 옆에 있는 남편에게 카카오톡을 날린다. 그리고 인터넷 쇼핑앱에 들어가 주말에 필요한 물건을 주문한다.

1. 앞의 사례별로 고객들의 마음을 뺏은 마케팅 방법과 이유는 무엇일까요?

______________________________

______________________________

2. 앞의 사례의 새로운 마케팅 방법은 어떠한 것이 있을까요?

______________________________

______________________________

Chapter

# 09

# 기업(구성원) 경영의 핵심역량

1. 역량의 의미
2. 역량의 중요성
3. 핵심역량의 개념
4. 핵심역량의 의미
5. 개인(구성원) 핵심역량

Chapter 09

# 기업(구성원) 경영의 핵심역량

## 창의융합 플랫폼

핵심역량은 특정 기업이 보유하고 있는 우월적인 내부역량이며 타사들이 쉽사리 흉내 낼 수 없을 정도로 차별화된 것으로 미래성장의 견인차 역할을 한다. 따라서 경쟁자가 쉽게 모방할 수 있는 것은 핵심역량이라고 할 수 없다.

(중략)

핵심역량 사업에 투자의 집중도를 높이려면 잘하는 한 가지에 전력을 집중하는 것이 좋다. 요즈음처럼 전문화된 시대에 이것저것 다 잘하려고 노력할 필요가 없다. 즉, 자신의 약점을 보완하려 하기보다는 자신의 강점을 더욱 강하게 해서 한 분야의 최고가 되는 게 훨씬 낫다. 농구, 배구, 축구 다 잘하는 사람은 동네에서 인기가 있을지 몰라도 세계적인 선수가 되기는 어렵다.

출처: 한국경제(2021).

# 1 역량의 의미

역량은 사전적 의미로 "어떤 일을 해낼 수 있는 힘"이다. 이 용어는 1970년초 심리학자 데비드 멕클렌드(David Clarence McClelland)에 의해 처음 소개되었다. 그는 역량이란 보통 직무자와 고성과자를 구별하는 행동들을 실명하는 내적 특성이라고 하였다. 직원들이 직무를 수행하는 데 있어 지능검사보다 역량이 실제성과에 더 큰 영향을 미친다고 주장했다.

역량은 본래 직업훈련이나 산업교육분야에서 사용되었으나 최근 역량은 직무수행성과를 알아보기 위한 범위를 넘어서 일상생활 혹은 복잡한 사회적 장면에 적용할 수 있는 삶의 능력으로 개념이 확장되고 있다.

다시 말하면, 역량은 단순히 지식과 기술을 습득하는 데 그치는 것이 아니라 복합적인 상황 속의 문제를 효과적으로 해결할 수 있고 효과적으로 행동하거나 적절하게 반응할 수 있는 능력을 의미한다. 여기서 중요한 것은 역량은 성과에 기반한다는 점이다.

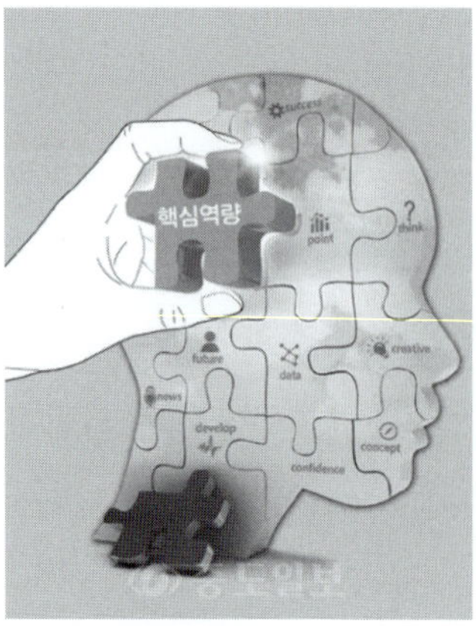

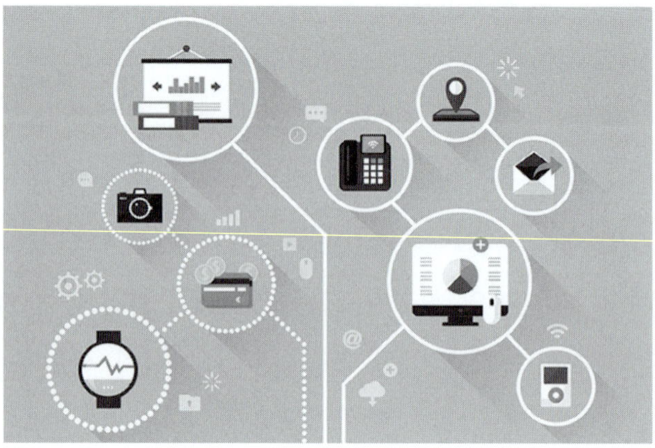

출처: 픽사베이.

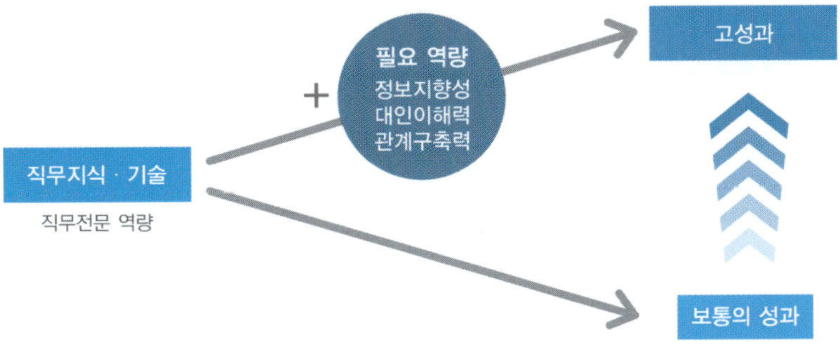


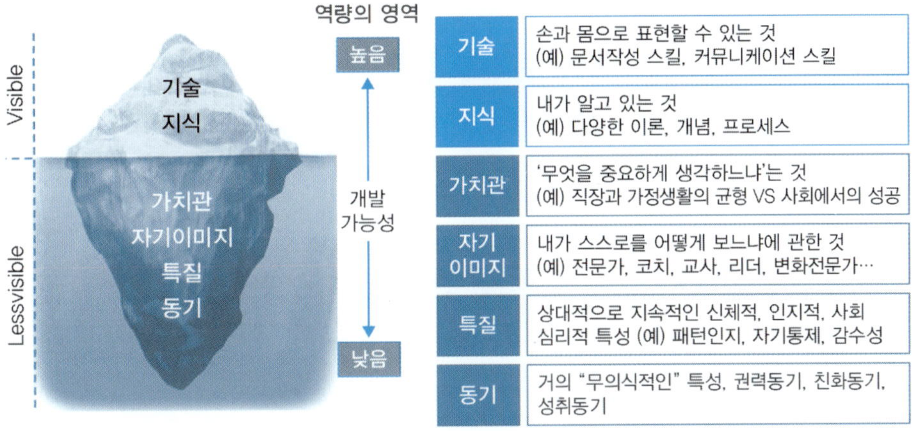


출처: KSA 한국표준협회.

* 역량과 비슷한 유사단어는 다음과 같다.

- 능력(Ability): 어떠한 행위를 수행할 수 있는 신체적, 심리적 힘
- 적성(aptitude): 일정한 훈련에 의해 숙달될 수 있는 개인의 능력
- 지능(intelligence): 새로운 것을 인식하고 비판하는 인지적 능력
- 기술(skill): 무언가를 만들어 내거나 어떤 일을 정확하고 능률적으로 성취하는 능력
- 능력, 역량(capability): 잠재적으로 할 수 있는 일의 양 또는 능력
- 능력, 용량(capacity): 어떤 일을 하는 데 필요한 자질

## 2 역량의 중요성

경쟁적인 시장에서 기업이 생존하기 위해 기업에게 경쟁우위 요소는 선택이 아닌 필수이다.

### kodak의 실패사례

**"첨단기술을 갖춘 코닥이 망한 이유는 디지털 발전을 과소평가했기 때문"**

코닥은 2012년 파산 신청을 해 세계를 놀라게 했다. 코닥은 궁극적으로 자신의 주력인 필름사업을 무너뜨린 디지털 카메라를 1975년 세계 최초로 개발할 정도로 막강한 첨단기술을 보유했던 기업이다. 그랬던 코닥은 도대체 무슨 이유로 실패한 것일까. 물론 여러 이유가 복합적으로 작용했겠지만, 디지털 기술 발전에 따른 산업 판도의 구조적 변화를 과소평가하고 새로운 경쟁자들의 움직임을 제대로 파악하지 못한 것이 주요 원인으로 꼽히고 있다.

코닥은 이제 회생절차를 끝내고 재기를 위해 노력하고 있다. 지금까지 축적한 많은 지식재산을 활용해 디지털프린팅 등의 신규 사업을 전개하면서 혁신기술 기업으로의 재도약을 추진하고 있다.

출처: 한국경제뉴스(2016. 2. 16.).

경쟁우위 요소는 회사가 보유하고 있는 물질자원이나 높은 기술력, 직원들의 능력에서 나올 수 있다. 하지만 과거 산업중심에서 지식과 정보를 중요시하는 사회로 패러다임이 전환됨에 따라 경쟁우위요소는 인적자원으로부터 나오고 있다.

기업은 좋은 인적자원을 채용하고 관리하며 더 좋은 인적자원으로 개발하는 것에 관심이 높아졌다. 따라서 인적자원의 관리와 개발이 중요하게 되었으며 그것의 중심에 역량이 있다고 할 수 있다.

그렇다면 사람의 무엇을 기준으로 채용하고 무엇을 관리하며 무엇을 개발해야 할까?

그 무언가가 바로 역량이라고 할 수 있다.

## 3 핵심역량의 개념

핵심역량은 독보적 역량과 비슷한 개념이다. 어떤 조직이 경쟁기업에 비해 더 잘할 수 있는 활동을 말한다. 예를 들면, 기업이 잘하는 활동 "A기업은 유통이 강하고 B기업은 생산기술이 강하다."처럼 단순히 잘하는 활동을 의미하지 않는다. 핵심역량이란 경쟁기업에 비해 그 기업이 뛰어나게 잘할 수 있는 상대적인 능력을 말한다. A기업이 마케팅 능력이 뛰어나다 해도 다른 경쟁기업과 유사하다면 A기업의 핵심역량이라고 할 수 없다. 이처럼 역량과 핵심역량은 직업 및 산업분야에서 출발한 개념이다.

### 핵심역량은 나무와 같다.

나무의 특징을 보면
기둥은 하나지만 위쪽은 잎과 꽃으로 풍성하다.
바닥에서 출발한 한 줄기 기둥이
위로 갈수록 가지들이 갈라져 나오고 잎과 꽃이
핀다.

여기에서 기둥은 핵심역량이다.
가지와 풍성한 잎과 열매는 핵심역량을 강화하여 만들어 낸 결과인 것이다
튼튼한 기둥이 있었기에 건강한 가지가 만들어지고 풍성한 잎과 열매가 나온 것이다.

출처: 스마트 비즈 블로그.

## 핵심역량 성공기업 - 혼다

핵심역량을 살 알고 실천한 기업이 혼다이다.

혼다는 1948년 오토바이를 생산하기 시작하면서 경운기, 자동차, 제초기, 스노모빌, 제트스키, 소형항공기까지...

정말 다양한 분야에 진출했다.

이런 혼다를 보고 어떤 이들은 문어발식 기업이라고 폄하한다.

그런데 대단한 것은 이 다양한 분야에서 글로벌 5위와 10위 안에 들어갔다는 것이다.

이것이 어떻게 가능했을까?

혼다의 성공에는 공통된 키워드가 하나 있었다.

그것은 엔진이었다.

혼다의 경우를 나무에 비유하자면 엔진은 나무기둥이고 가지와 열매는 핵심역량에 집중한 다양한 제품군들이었다.

출처: 스마트 비즈 블로그.

## 생각해 봅시다

앞의 예시를 읽고 다음에 답하세요

1. 기업의 핵심역량을 찾아보고 성공사례와 실패사례를 적어 보세요.

2. 앞의 기업들의 성공과 실패의 원인을 분석해 보세요.

## 4 핵심역량의 의미

역량은 특정한 직업교육훈련 분야에서 강조된 개념이었으나 1997년 DESECO 프로젝트에서 역량을 시대적 사회적 요구에 대처하기 위해 요구되는 개념으로 제 규정하였다. 지식기반 사회로 변화함에 따라 과제를 성공적으로 수행하기 위해 각 분야에서 요구하는 특수한 역량이 필요하게 되었기 때문이다.

학생들이 살아갈 사회는 지식기반사회로 각 분야에서 요구되는 과제를 성공적으로 수행하기 위해 셀 수 없을 만큼의 특수 역량이 필요할 것이다. OECD는 특수역량이 적어도 650개 정도 된다고 추정하였다. 이렇듯 사회 각 분야, 삶의 특정 지점에서 필요한 역량은 굉장히 많고 다양할 수밖에 없다. OECD는 DSESCO프로젝트를 통해 핵심역량이라는 말을 도입했다. 핵심역량은 많은 역량들 가운데 삶 전반에 걸쳐서 반드시 갖추어야 할 몇 가지 역량만을 추출하기 위해 도입된 용어다.

핵심역량에 해당하는 것은 다음의 조건을 만족해야 한다.

- 다양한 맥락과 영역에 적용 가능할 것
- 개인의 성공적인 삶과 잘 기능하는 사회를 이끄는 데 공헌할 수 있을 것
- 모든 사람에게 필요한 것

역량은 오늘날과 같이 빠르게 변화하고 복잡한 세계에서 개인이 성공하고 국가 및 사회가 발전하기 위해서 개개인에게 필요한 기본적이며 필수적인 능력이다.

핵심역량은 지식이나 기술만을 의미하지 않고 태도, 감정, 가치, 동기 등과 같은 사회적, 행동적 요소를 포함하며 다양한 삶의 맥락에 걸쳐 모든 개인이 공통적으로 필요로 하는 일반적인 성격을 갖는다.

핵심역량은 경영학 용어다. 미시건 대학 비즈니스 스쿨의 프라할라드(C.K. Prahalad)교수와 런던 비즈니스 스쿨의 게리 하멜(Gary Hamel)교수가 1990년 발표한 논문 「기업의 핵심역량」에 처음 등장했다. 프라할라드 교수는 핵심 역량 이론을 통해 기업이 직면하는 산업 생태계의 환경적 요소에 의한 물질적 경쟁우위가 기업의 수익을 결정한다는 경쟁이론을 비판하고 기업의 장기 생존 여부를 결정하는 요소는 외부 환경이 아닌 기업 내부의 핵심역량에 의해 결정된다고 주장했다.

여기서 핵심역량이란 단순히 그 기업이 잘하는 활동을 의미하는 것이 아니라 경쟁 기업이 모방할 수 없고 경쟁우위를 지속적으로 확보할 수 있는 지식, 기술, 노하우, 브랜드, 조직문화 등 기업의 특별한 자원과 능력의 조합을 말한다.

### 기업의 핵심역량의 예시

- 소니의 소형화 기술
- 캐논의 정밀기계기술과 광학기술
- 혼다의 엔진 관련 기술
- 월마트의 강력한 물류 시스템
- 코카콜라의 자사브랜드 이미지 통합을 통한 마케팅

기업의 핵심역량이 점차 개인에게도 적용돼 직원의 인사 평가에서 가장 중요한 평가 항목으로 핵심역량이 손꼽힌다. 직원의 핵심역량은 과연 무엇일까? 자신의 직무를 끝까지 잘 수행해 목표를 달성하는 능력이다.

## 5 개인(구성원) 핵심역량

**여러분은 타인과 차별화된 전문적 경쟁우위 능력을 가지고 있습니까?**

만약 이에 대한 답변을 하지 못하신다면, 직장인으로서는 적합할지 모르나 평생 직업인으로서는 문제가 있는 것입니다.

지난날 대기업 근무 시 동료들로부터 받은 많은 질문 중에 하나는 '회사가 우리에게 제시하는 비전이 무엇이냐?'는 것이었습니다. 저는 그때마다 그분들에게 답변하기를 '회사가 여러분에게 만족할 만한 비전을 제시하지 못한다 할지라도, 여러분은 자신의 미래에 대한 분명한 비전을 가지고 있어야 합니다.'라고 말하곤 하였습니다. 이는 삶의 과정에서도 마찬가지겠지만, 모든 문제의 출발점을 남-타인-회사-조직의 탓으로 돌리기 전에 자신으로부터 찾기를 바라는 마음과 최소한 직업인으로서 한 분야에 대하여 전문성을 가진다면 어떠한 외적 상황하에서도 독립할 수 있는 자신감을 가질 수 있다고 믿었기 때문이었습니다.

출처: 휴넷 전략기획아카데미(http://strategy.hunet.co.kr/main/main.asp).

> 자기 힘을 최대한 발휘해서 스스로 역량이 있는 인재임을 나타낼 수 있는 사람이 대접받는 게 오늘날 샐러리맨 사회의 엄연한 현실이다.
>
> – 나카타니 아키히로

기업의 핵심역량뿐만 아니라 개인의 핵심역량에 대해서도 생각해야 한다. 특히 개인의 커리어패스(Career path)에 대한 생각도 바뀌야 한다. 과거에는 한 직장에 머무르면서 승진해 나가는 것이 좋은 케이스이었으나 이제는 기업이 원하는 인재의 모습은 자기 자신의 고유성을 확보하면서도 다재다능한 '멀티플레이' 인력으로 바뀌고 있다.

핵심역량(core competence)이란 단순히 일을 비롯해 공부를 열심히 하는 것이 아니라 다른 경쟁자들보다 우월한 능력, 기술 등 경쟁에서 우위를 점할 수 있는 힘을 말한다.

우선 많은 것 중에서 핵심이 될 만한 것을 메모하여 자신의 가치를 숫자로 매겨 보는 것이 필요하다. 부단한 자기 탐색을 통해 명확하게 자기 핵심역량을 스스로 찾아볼 수 있어야 한다.

가장 핵심적인 노하우를 필요로 하는 부문이 바로 핵심역량이라고 할 수 있다. 예를 들어, 스포츠용품은 이제는 제조산업의 범주에 속하지 않는 패션산업으로 변화하고 있다. 따라서 핵심역량은 디자인이다. 하지만 스포츠용품을 생산하는 어느 기업도 반드시 디자인만을 비교우위에 두지 않는다. 비록 스포츠용품의 핵심역량이 디자인이라 할지라도 각 기업이 갖고 있는 경쟁력은 각각 다르게 나타날 수 있다. 그것을 파악하기는 쉽지 않다.

역량 중심의 교육과정, 역량 중심의 채용 및 발탁, 역량 중심의 보상이라는 개념이 매우 활발하게 전개되고 있다. 조직들은 '직무'라는 개념을 21세기에 필요할 '핵심역량'으로 대체하고 있다. 핵심역량은 조직에서의 인적자원에 대한 새로운 패러다임을 제공할 것이다.

핵심역량은 지속적으로 업데이트가 되어야 한다. 어제의 당신과 오늘의 당신은 조금이라도 달라져야 한다. 어제의 이력서와 오늘의 이력서가 변한 것이 없다면 다시 한번 위기 의식을 가져야 한다. 핵심역량이라고 너무 거창하게 생각할 것 없다. 다른 사람과 비교우위에 있는 핵심부문에 역량을 집중함으로써 경쟁 우위를 확보해 나가는 것이 매우 중요하다.

"당신의 핵심역량은 업데이트되고 있는가!"

생각해 봅시다

## 창의융합 플랫폼

### 왜 '역량'에 주목하는가

20세기 교실에서는 지식을 전달하고 전수하는 것에 많은 시간을 할애했습니다. 많은 지식은 개인의 경쟁력, 더 나아가 부와 권력으로 이어지는 지름길이었으니까요. 하지만 지식정보화 사회, 디지털 사회에서는 지식의 양이 그다지 중요하지 않게 됐습니다. 손 안에 컴퓨터가 들어오면서 궁금한 건 실시간으로 해결할 수 있게 됐고, 지식의 독점은 옛말이 됐습니다. 게다가 지식의 수명도 매우 짧아졌습니다. 좀 과장해서 말하면 어제 배운 지식이 오늘 별로 쓸모없어지는 일이 다반사일 정도입니다.

이런 시대에 개인이 지식의 양을 늘리기 위해 컴퓨터와 경쟁하듯 암기하는 방식이 과연 바람직한 것인가 근원적인 회의감이 생겨났습니다. 초등학교부터 대학교까지 20년 가까이 죽을 고생을 거쳐 기업에 들어갔더니 '쓸데없는 것만 배워 왔다'고 타박을 줍니다.

20년간 배운 지식으로 60세까지 정년을 보장받던 시대도 게 눈 감추듯 사라져 버렸습니다.

출처: 미래역량 솔루션 네트워크.

Chapter

# 10

# 직무분석 실제

1. 직무분석의 의의와 필요성
2. 직무분석의 개념과 관련 용어
3. 직무분석과 인사관리의 관계
4. 직무분석의 활용목적
5. 직무분석 양식 및 적용

Chapter 10

# 직무분석 실제

## 1 직무분석의 의의와 필요성

### 1. 직무분석의 의의

오늘날 직업의 종류는 수없이 많고 인간은 일을 떠나서는 살아갈 수 없다. 또한, 각 직무의 내용과 특성이 각각 다르며 또한 직무를 수행하는 데 요구되는 지식, 기술, 능력, 경험, 책임도 각각 다르다.

미래학자 존 네이스비트(John Naisbitt)는 『글로벌 패러독스』에서 “앞으로의 세계 경제는 점점 대형화되어 가는 데 반해 작은 조직들은 더욱 강력한 힘을 발휘하게 될 것이다.”라고 하였다.

조직에서 직무분석의 목적은 전 계층과의 커뮤니케이션을 통해서 일관된 목표를 도출해 내고 문제해결 과정이나 의사결정 과정에서 효과적으로 팀원들의 창조성을 자극하고 개발하여 유효적절한 직무분석의 목적에 합당해야 한다.

- 직무분석은 특정 조직에서 개인과 조직 또는 사람과 일의 관계가 상호 간에 과부족이 없도록 '어떻게(How)'를 해결해 주는 것이다. 즉, 직무분석은 직업정보의 기본적인 문제해결 수단으로서의 역할을 한다고 할 수 있으며, 한 직무를 담당하고 있는 사람이 자신의 직무에서 무엇을 어떤 순서로 하고 있으며, 어떤 상황에서 업무를 수행해야 하며, 어떤 수준의 성과를 내야만 바람직한가를 자세히 규명하는 고도로 체계적인 절차이다.
- 직무분석은 별로 중대하지 않은 업무에 투자되고 있을지도 모르는 자원의 낭비를 막음으로써 직무 중 우선 순위를 지닌 중대한 업무와 그 업무를 가능하게 하는 데 필요한 기술과 지식 습득에 자원을 집중적으로 투자한다.
- 직무분석은 여러 종류의 개개 직무에 관한 내용과 특성을 조사하는 절차라고 할 수 있다. 즉, 직무분석은 인력을 합리적으로 하기 위한 현재의 상태를 파악하는 수단이며, 직무분석한 결과가 조직의 업무 개선을 위해서 사용될 때 목적이 달성된다.

## 2. 직무중심 인사의 필요성

직무중심 인사로의 혁신을 위한 첫걸음은 직무를 명확하게 이해하고 분석하는 것이다. 1990년대 후반 이후 우리 기업들의 인사 철학은 '사람중심'에서 '성과중심', '직무중심'으로 변하고 있다. 특히 LG와 삼성뿐만 아니라 포스코, 태평양, CJ 등 국내 대기업들이 직무 체계를 정비하고, 성과와 역량에 기반을 두어서 평가, 보상 및 승진급 등을 결정하는 직무중심 인사 시스템을 도입하고 있다.

- 직무분석의 결과를 어떤 목적에 사용하고 적용하면서도 그 후 계속적으로 수정하고 보완하는 사후관리가 이루어져야 한다.
- 직무분석은 인적자원관리의 기본적인 문제해결 수단으로서의 역할을 한다고 할 수 있다.

## 3. 직무분석과 관련된 3가지 오해

**오해 1** 직무분석은 어떤 직무가 무엇을 하는가에 대한 「활동」들을 파악하는 것이다.

직무분석은 단순하게 무엇을 하고 있는가를 나열하는 것이 아니라 말 그대로 분석을 하는 것이다.

**오해 2** 직무분석은 '점직자[1]의 업적, 특성, 경력' 등을 밝혀내는 것이다.

직무분석은 직무에 대하여 하는 것이지 사람에 대하여 하는 것이 아니다. 사람들은 인사이동을 통하여 오갈 수 있지만 직무는 쉽게 바뀌지 않는다.

**오해 3** 직무분석은 직무가 무엇인지를 '판단'하는 작업이다.

직무분석을 하는 것은 직무에 대하여 어떤 '판단'을 하자는 것이 아니다. 물론 직무평가(Job Evaluation) 시에는 판단이 개입되기는 하지만 직무분석은 판단의 근거를 제공하기 위한 사실확인 작업이다.

1) 현장 노동자, 고성과자(Subject Matter Expert; SME)로 현장 경험이 풍부한 산업체의 전문가

# 2 직무분석의 개념과 관련 용어

## 1. 직무분석의 정의

### (1) 사전적 정의

직무분석은 직무에 대한 정보를 수집·분석하여 직무의 내용을 파악하고, 각 직무의 수행에 필요한 지식, 기술, 능력, 경험, 책임 등의 요건을 명확히 하는 일련의 과정을 의미한다.

### (2) 조직적 정의

직무란 하나 또는 둘 이상의 과업(task)이 모여서 형성되고, 과업이란 몇 가지 동작(motion) 또는 요소업무(element)들로 구성된다. 따라서 기업(조직)과 업무 분장, 조직과 단위조직(부서), 단위조직과 개별 직무, 직무와 직위, 직위와 과업, 과업과 동작, 요소업무를 시스템의 논리에 따라 인적자원관리가 용이하도록 분석하는 과정이다.

## 2. 직무의 관련 용어

| 용 어 | 정 의 |
|---|---|
| 일(과업) | 종업원에게 할당된 일의 기초 업무단위로 일정한 목적을 가지고 있으며 분업 및 분담이 가능한 정리된 일을 지칭한다. 이는 동작이나 가장 세분화된 요소업무들로 구성된다. |

| 용 어 | 정 의 |
|---|---|
| 직위 | 한 사람의 개인 종업원에게 할당된 과업의 집합을 말하며, 직위 수는 사람 수와 같은 것으로 정원관리에서 사람 수는 직위 수와 동일하다. |
| 직무 | 업무의 종류와 수준이 동일하거나 비슷한 직위들의 집합으로서 인사관리 대상으로 발전된 개념이다. 한 직무에 단지 하나의 직위만이 존재할 수도 있고, 복수의 직위가 있을 수도 있다. |
| 직렬 | 유사하고 공통적인 직무들의 집합체이다. 조직이 커지고 직무의 수가 많아지면서 복잡한 직무들을 통합한 관리가 필요하여 형성된 개념이다. |
| 직군 | 관리직, 사무직, 기술직, 생산직, 전문직 등 가장 넓은 직무 집단의 개념으로 동일하거나 유사한 직렬의 집합 개념이다. 직종과 같은 개념으로 사용되기도 한다. |
| 직업 | 동일하거나 유사한 직군의 집단으로서 한 산업이나 많은 기업에서 발견되는 특정 범주의 직무 집합이다. |

### (1) 직무분석 관련 용어의 개념

**– 과업(task)**

- 직무에 대한 하위개념 중 특정 목적을 수행하는 작업 활동으로 직무분석의 가장 작은 단위
- 독립된 목적으로 수행되는 하나의 명확한 작업활동
- 예) 타이프를 치는 것, 트럭의 화물을 내리는 것

**– 책무(duty)**

- 특정한 개인이 수행하는 것으로 여러 가지 과업으로 구성됨
- 맡은 일, 맡겨진 일의 개념

**– 직무(job)**

- 동일하거나 유사한 직위의 집단
- 어떤 경우는 유사한 직위가 없기 때문에 한 직위만으로 직무가 이루어지기도 함
- 직업분류의 통계단위가 되는 일련의 업무 및 임무

- 직렬(job family)
  - 동일하거나 유사한 직무의 집단

- 직군(occupation)
  - 동일하거나 유사한 직종의 집단
  - 직무의 종류가 광범위하게 유사한 직렬의 군

### (2) 직무분석의 관련 용어(정리)

❶ 과업(task): 어떤 특정목적을 달성하기 위해 인간적 노력이 주어지는 경우, 그것이 신체적이거나 정신적인 노력 여부에도 불구하고 그 개개의 노력을 과업이라 한다.

❷ 직위(position): 과업 및 직책이 분명히 존재하는 한 사람 몫의 일거리가 있는 경우, 그 일을 수행하는 한 사람을 직위라고 한다.

### (3) 직무분석 과정에서 수반되는 각종 용어

❶ 책임(responsibility): 주어진 과업이나 임무를 수행할 작업자의 의무(obligation)를 말한다.

❷ 임무(duty): 직무에서 주어진 임무를 수행하기 위한 과업을 뜻한다.

❸ 의무(duty): 특정개인이 수행하는 것으로 여러 가지 과업으로 이루어진다. 면접이나 상담을 하는 일 등은 별도의 일로서 여러 가지가 모여서 하나의 과업을 이룬다.

❹ 직렬(job group): 모든 조직체에 걸쳐서 유사하고 공통적인 직무들을 집합시킨 것으로(타자원, 교환원, 운전원, 프로그래머, 변호사, 교사 등) 일명 직업이라고 한다.

# 3 직무분석과 인사관리의 관계

## 1. 조직과 직무분석

기업의 운영을 계획적이고 능률적으로 수행하기 위해서는 먼저 각 사원에 대한 업무의 배분을 적절히 하고, 그 해당된 업무의 절차, 책임을 명확하게 해 두지 않으면 안 된다.

즉, 직무권한의 명확화와 합리적인 조직의 확립이 필요하다. 또한 근대적인 분권적 조직의 요건은

① 각 직무의 책임과 권한을 명확하게 하고 목적의 체계로서 직능적으로 계층화한다.

② 명확해진 책임과 권한을 하부로 위양하고 상급자는 위양한 부하의 일을 통제하는 데 그친다고 할 수 있다.

직무분석은

① 직무에 부과된 기본적 직능

② 소관절차

③ 수행해야 할 직책 또는 목표

④ 직책을 다하기 위해 부여된 권한

⑤ 업무수행상 관계되는 다른 직무와의 관계 등을 밝힘으로써 업무분장의 적정화, 권한의 명확화를 기하여 조직의 합리화를 기하여야 함

## 2. 종업원의 채용, 배치, 이동, 승진 등의 기준과 직무분석

채용과 배치를 합리적으로 하기 위해서는

① 우선 충원을 필요로 하는 직무를 수행하는 데 필요한 자격 및 수행요건을 밝히고

② 이들 요건을 충족시킬 수 있는 노동력의 공급처를 찾아 모집하고

③ 응모한 사람 중에서 ①의 요구를 충족시켜 주는 사람을 모집, 채용하여 배치한다는 절차를 밟아야 한다.

즉, 새로 채용, 배치, 이동, 승진된 사람을 직무의 필요요건과 관련하여 인사관리를 함으로써 이 점을 명확하게 밝히는 직무분석에 의하여 기초가 확립되는 것이다.

## 3. 인사평가와 직무분석

인사평가를 합리적으로 실시하려면 직무와 연관해서 허가되지 않으면 안 된다. 즉, 그가 맡은 바 직무를 어느 정도 수행하였는가, 또한 그 직무에 필요한 지식, 경험, 기술을 어느 정도 가지고 있는가, 하여야 할 책임을 어느 정도 수행하였는가를 구체적으로 평가할 필요가 있다.

## 4. 교육훈련과 직무분석

종업원 교육훈련의 목적은 각 사원이 현재 담당하고 있는 직무 또는 장래 담당 예정인 직무를 보다 완전히 수행할 수 있도록 하는 데 있다. 직무분석의 결

과는 교육훈련의 기준이 됨과 동시에 개개 종업원의 지식, 숙련의 과부족상태를 판정하는 기준도 된다.

### 5. 정원관리와 직무분석

한 조직체가 관여하는 업무를 종류, 질 · 양적으로 평가하여 업무수행에 필요한 소요인원을 산정하여 정원을 책정하고 관리하므로 정원관리를 할 수 있다.

### 6. 직무분석의 기타 목적

직무분석은 직무급 설정의 기초 작업, 안전관리, 작업방법의 개선 내지 합리화 등에 이용된다.

## 4 직무분석의 활용목적

### 1. 교육·훈련

교육 · 훈련의 목적은 직장에서 각 개인이 맡아서 수행하고 있는 직무나 장래 담당 예정인 직무를 보다 원활하게 수행할 수 있도록 하는 데 있다.

## 2. 조직관리

기업체의 운영을 계획적이고 능률적으로 하기 위해서는 먼저 개개인에 대한 일의 배분을 적절히 하고 그 배분된 일의 범위와 책임을 명확하게 해 두어야 한다.

즉, 개개의 종업원이 전체 조직 속에서 어떤 지위와 역할을 하는지 합리적인 직무 권한의 조직이 요구된다.

이를 위해서는 다음 사항에 유의하여 조직관리를 위한 직무분석이 이루어져야 한다.

① 직무에 부여된 기본적인 직능

② 관할하는 직무의 절차

③ 수행해야 할 직무상의 책임과 권한

④ 업무 수행상에서 관계되는 다른 직무와의 관계

## 3. 채용·배치·이동

직무의 필요조건에 따라 노동력을 적재적소에 활용하기 위해서는 양과 질적인 측면에서 고려하여야 한다.

첫째, 양적 측면이라 함은 정원기준이라고도 한다.

이것은 생산 설비에 따라 일정한 생산량을 생산하기 위해서 얼마만큼의 작업자가 필요한지를 결정하는 것이다.

둘째, 질적 측면이라 함은 적성기준이라고도 한다.

채용 여부의 결정은 직무를 수행하는 데 필요한 일정 수준의 도달 정도에 따라 결정된다고 할 수 있다.

# 5 직무분석 양식 및 적용

## 1. 직업명 작성 요령

직업(occupation)은 직무의 특수성 및 전문성에 따라 일관된 작업 또는 특수한 결과를 목표로 하는 일의 집합체로서, 한 개의 직무 또는 몇 개의 유사직무로 구성된다. 명칭은 한국표준직업분류의 표기 양식을 따르고, 가급적 지정된 직업명을 유지하되 직무분석 과정에서 정확한 직업명으로 수정 가능하다.

**예시) 직업명: 간호사**

## 2. 직무의 정의 작성 요령

수행하는 직무의 성격, 기능, 목적, 주요 내용, 다른 직무와의 관련성 등을 고려하여 전공과 관련 없는 일반인도 쉽게 알 수 있도록 가능한 한 함축성 있게 정의를 내려 기술하며, '~하는 직무이다'로 끝맺는다.

**예시) 간호사의 직무의 정의**

의사의 진료를 돕고, 개인, 가족, 지역사회를 대상으로 과학적인 방법인 간호과정을 전인적으로 이해하고 적용하여 간호(질병을 예방하고 건강을 유지 · 증진 · 회복하도록 돕는 일)를 전문적으로 수행하는 직업이다.

## 3. 직무의 모형

| 책무 | 작업 | | | | |
|---|---|---|---|---|---|
| A | A-1 | A-2 | A-3 | A-4 | A-5 |
| B | B-1 | B-2 | B-3 | B-4 | B-5 |
| | B-6 | B-7 | B-8 | B-9 | |
| C | C-1 | C-2 | C-3 | C-4 | C-5 |
| D | D-1 | D-2 | D-3 | D-4 | D-5 |
| E | E-1 | E-2 | E-3 | E-4 | E-5 |
| | E-6 | E-7 | E-8 | E-9 | |
| F | F-1 | F-2 | F-3 | F-4 | F-5 |

출처: 직업교육훈련과정 개발을 위한 직무분석 지침서(2003).

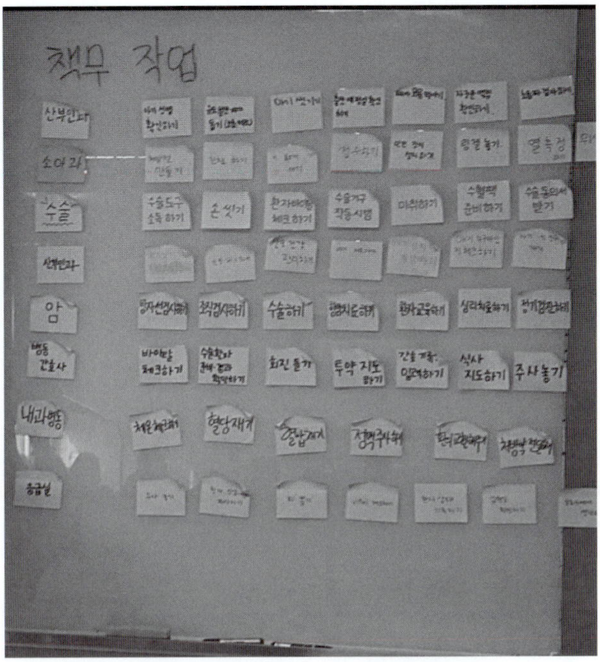


**실제 직무분석 모형 활동사진**
**(예시: 간호사의 직무분석 모형)**

### 직무모형도 작성 워크시트

조별로 직무를 정하고 분석하여 포스트잇, 수성매직을 준비하여 학과 또는 직업, 아이템, 사업제안서, 사업계획서 등 준비절차에 대해 직무모형도를 만들어 칠판에 붙이고, 발표해 본다.

책무 작업

책무 작업

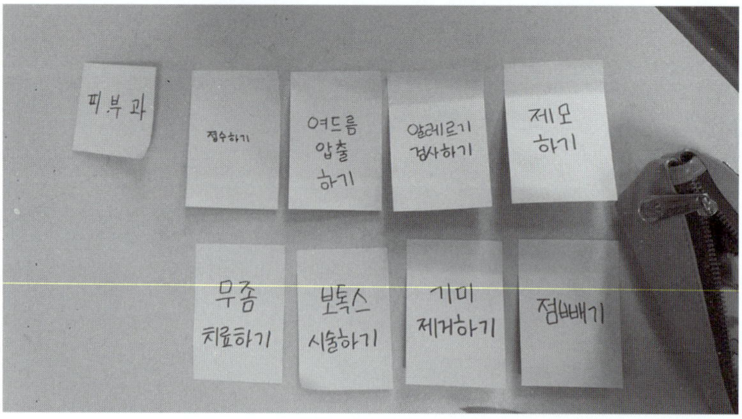
피부과
접수하기
여드름 압출 하기
알레르기 검사하기
제모 하기
무좀 치료하기
보톡스 시술하기
기미 제거하기
점빼기

# PART III

# 창업실무 사례

창업을 제대로 한다는 것은 무엇을 의미하는가?

한 가지 일에 1만 시간 이상을 투자해 보았는가?

여러분들이 가장 좋아하는 재미있어 하는 일에 하루에 3시간씩 10년을 해야 1만 시간이 나온다. 1만 시간의 법칙의 저자는 한 가지 일에 1만 시간을 꾸준히 투자를 해야 그 분야의 전문가가 될 수 있다고 한다. 창업도 마찬가지이다. 내가 하고자 하는 창업아이템과 관련된 일도 1만 시간 이상 배우고, 습득을 해야만 하는 것이다. 창업실무 파트를 준비하며 1만 시간이란 '스스로의 무장이 되어 가는 시간'이라고 정의하고 싶다.

혹여, 창업의 동기가 마냥 남들이 창업해서 성공을 거두었다고 하니, '비슷하게라도 창업을 하면 되겠지'라는 안일한 생각과 또는 머릿속에 그림만 그려 놓고 바로 실행하는 것은 둘 다 위험을 초래하는 일이다. 그러므로 창업을 제대로 한다는 것은 창업자와 창업실무자, 구성원 모두 각자의 역할에 무장이 되어야 하겠다.

제11장에서는 실제 창업 시 경험하는 여러가지 시행착오와 문제들은 어떠한 점들이 있으며, 또한 이를 해결하기 위해서 어떻게 노력했는가를 창업 실패사례와 성공사례를 통해서 알아보고자 한다. 창업의 이론과 실재는 매우 다르다. 창업에 성공하기 위해서 특별히 실패사례를 주의 깊게 살펴볼 필요가 있다.

제12장에서는 국내 · 외 성공창업가들의 노력과 함께 무장이라는 단어가 녹아 있는 창업가를 소개하였다. 성공창업가들의 성공 뒤에 가려진 피나는 노력과 무장이라는 노하우를 여러분들도 다져 보면 한다.

마지막으로 청년 창업가들이여!

기능만을 강조해서 승부를 보려 하지 말고, 그 일에 대해 가치와 의미를 부여해 보다 가치 있는 창업을 해 보기를 바란다. 또한 협동과 창의성으로 새로운 공유비전을 제안 해 보며 여러분들의 무한한 가능성과 잠재력을 발휘해 스타트업 창업을 도전해 보는 것도 대학생활에 의미와 가치가 있는 일이다.

Chapter 11

# 창업의 실패사례와 성공사례

1. 서비스업 창업 실패사례 1: 카페(오토 커피숍)
2. 플랫폼 비즈니스 창업의 실패사례 2: ㈜카카오
3. 창업 성공사례 1: 반려동물 카페(호텔)
4. 콘텐츠 창업 성공사례 2: 구글 위키하우(WIKI HOW)[해외]

# 창업의 실패사례와 성공사례

Chapter 11

## 1 서비스업 창업 실패사례 1 카페(오토 커피숍)

## 1. 너무 쉽게 생각한 카페 창업

창업을 꿈꾸는 사람이라면 누구나 한번 쯤은 생각하게 되는 카페 창업: A 씨는 대기업에서 20년 넘게 근무하면서 평범한 생활을 하던 직장인이었다. 어느 날 10년 넘게 남은 직장생활과 일이 점점 커 가면서 미래에 대한 준비로 투잡을 생각하게 되었는데 안정적인 직장을 유지하면서 사람을 써서 매장을 운영하려는 계획을 가지고 있었다 A 씨는 대기업 출신답게 창업 준비를 철저히 했다. 오토 매장이기에 특별한 기술이 없어도 되고 사람을 많이 쓰지 않으므로 인건비 부담이 적을 것이며, 구인이 쉬운 아이템과 좋은 입지와 장소를 선택하여 창업하겠다는 기준을 세웠다. 우선 집과 가까운 역세권 상권에 매장 위치를 선정하고 테이크아웃 커피 전문점을 오픈하였다. 역세권에서 크게 벗어나지 않는 위치에 10평 매장을 구입하였고 오피스도 많고 유동인구 많아서 매출이 상당할 거라는 확신을 갖게 되었다.

## 2. 인건비와 점포 관리자의 채용

가장 중요한 점포관리는 사촌 여동생에게 매장관리를 시키고 알바를 구해서 운영하면 좋겠다고 생각을 했는데, 사촌동생은 비록 창업 경험이 없었지만 일단 가족이므로 믿을 만했고 경험이 있는 알바를 쓰면 매장 운영에는 전혀 문제가 없을 거라고 판단했다. 그렇게 사업자도 사촌 동생으로 발급하고 A 씨는 자금만 투자하는 형태의 오토 매장을 오픈하였다.

## 3. 오토 카페 점포 구입 조건

보증금 5천만 원, 월세 450만 원에 권리금은 따로 없었고 프랜차이즈 가맹비, 인테리어, 휴가 비용까지 총 1억 원이 넘는 창업 비용이 소요되었다. 여기서 보증금과 시설비를 총 1억 5천만 원 넘게 투자했으며, 월 500만 원의 수익이라면 정말 괜찮은 거라고 생각하였다. 매장 내 카메라도 설치하고 포스로 계산하기 때문에 언제든지 확인할 수 있고 본사 교육도 사촌 동생이 다 받았기 때문에 오토 매장으로 운영하는 데 문제가 없다고 판단하였다. 사촌 동생도 의욕이 충만해서 급여를 좀 낮게 책정하는 대신에 일정 수익을 발생하면 인센티브를 받기로 하였다. 한 달 여만에 매장을 오픈할 수 있었다.

## 4. 매출액과 비용 및 수익분석 미비

상권이 좋고 인지도 있는 브랜드이다 보니 평일에는 평균 70만 원, 주말에는 4~50만 원에 매출이 나왔다. 그렇게 첫 달 매출은 1,600만 원으로 급여 200만 원, 알바 2명 300만 원, 재료비 500만 원, 월세 450만 원, 기타잡화 150만 원으로 딱 운영비만큼 나왔다 A 씨는 생각하기를 첫 달인만큼 초도 물량도 있고 운영이 아직 미숙함으로 시간이 갈수록 매출은 올라가고 수입 또한 발생할 것이라고 판단하였다. 하지만 그 첫 달인 8월이 최고의 매출이었던 것이다. 여름에 오픈하고 그 오픈발로 매출이 가장 좋았던 것이다. 또 다시 4개월이 지난 12월에는 각종 지출을 제외하곤 한 달 적자가 350~ 400만 원이 넘어갔다.

## 5. 관리자의 불만과 인건비 계산착오

처음에 의혹이 넘치던 사촌 동생도 힘든 내색과 불만이 쌓이기 시작했는데, 매출이 적어 알바를 줄이고 점장이 운영하는 시간이 늘어났기 때문이었다. A 씨도 퇴근 후나 주말에는 나와서 집적 일을 도와야 했고, 사촌 동생은 본인이 일하는 시간에 비해 급여가 적다는 불만을 토로하고 A 씨 역시 사촌 동생에 대한 불만이 많았다. 점장으로서 매장 관리에 신경을 쓰지 않고 알바처럼 별생각 없이 일하는 모습이 너무 답답하게 보였던 것이다 A 씨가 계속 매장에 있을 수도 없고 본인 월급으로 매장의 적자를 채우는 것도 한계에 다다랐던 것이다.

## 6. 오토 카페의 위기와 폐업

결국 사촌 동생과의 사이도 나빠지고 매출은 점점 줄어들어 5개월 만에 한계 상황이 오게 되어 A 씨는 결단을 내릴 수밖에 없었고, 프랜차이즈 본사에 양도 양수를 의뢰한 것이다. 특별히 양수받을 사람은 나타나지 않고 매장 운영을 하고 안하고 관계없이 비슷한 수준의 적자가 발생하는 상황이 되었다. 어차피 무권리로 들어왔기 때문에 권리금에 대한 욕심을 내려 놓으면서 결국 권리금 2천만 원으로 점포를 내놓은 지 한 달만에 매매할 수 있었다. 그렇게 A 씨는 창업 6개월 만에 시설비 8천만 원, 운영비 4천만 원, 총 1억 2천만 원의 손해를 보고 다시 직장인의 삶으로 돌아갔다.

## 오토 커피 카페 창업의 실패 원인

### 첫째, 오토 매장에 대한 환상

직장인들은 본 직장을 두면서 오토로 수익을 창출할 수 있다는 매장에 대한 환상을 가졌다. 그러나 오토 매장은 본인이 경험이 많거나 사람을 관리할 능력이 되어야 함에도 불구하고 A 씨는 본인이 창업 경험이 없으면서 창업 경험이 없는 사촌 동생 말을 믿고 시작을 한 것이 문제가 되었다.

### 둘째, 부적절한 관리자 선택

관리자 점장은 최소한 해당 분야에 대한 경험과 노하우가 있어야 한다. 단순히 믿을 수 있는 가족이라는 이유로 커피나 매장 관리에 대한 지식과 경험이 전혀 없는 사촌 동생을 관리자로 둔 것이 실책이었다.

### 셋째, 비용과 수익개념의 부족

A 씨는 유동인구가 많고 역세권에 점포였기 때문에 450만 원이라는 높은 월세를 지불한 것이었는데 문제는 바로 이러한 좋은 상권에는 커피전문점이 수십 개가 존재할 수 있다는 사실이다. 매출이 좋을 때는 상관없으나 매출이 안 좋으면 높은 월세로 매장 운영 자체가 불가능할 수도 있기 때문이다.

### [창업 실패의 교훈]

많은 창업자들이 오토 매장에 대한 환상을 가지고 쉽게 접근하려고 하지만, 말처럼 쉽게 자동으로 돌아가지 않는다. 그만큼 경험과 노하우가 있어야 함은 물론 매장에 신경을 쓸 수 있는 여건이 되어야 한다. 오토 매장과 오너 매장의 차이는 분명히 존재한다. 단순히 돈을 쉽게 벌기 위해 오토 매장을 창업하는 경우에는 얼마 지나지 않아 후회할 수 있음을 알아야 한다.

# 일반적인 창업의 실패요인 5가지

창업을 꿈꾸는 사람은 누구나 '나는 성공할 것'이란 확신을 한다. 같은 아이템이라도 다른 사람은 실패하더라도 나는 성공할 것이라고 믿는다. 그러나 창업에 성공한 사람들의 공통된 생각은 "성공과 실패는 창업자 본인의 의지와 노력에 달려 있다"라고 말한다. 창업에 실패하는 원인 5가지를 살펴보면 그 답을 알 수 있다.

## 1. 아이템에 대한 열정과 지식이 없는 창업

창업과 관련해 아무리 강조해도 지나치지 않은 사실 하나는 아이템 선정이 아니라 창업자 그 '자신'이다.

각종 창업박람회에는 이른바 '뜬다'는 다양한 아이템들이 소개된다. 그 아이템들은 시간이 지나면서 끊임없이 소멸과 생성을 반복한다. 이처럼 변화무쌍한 아이템을 통해 성공하기란 쉽지 않다. 반대로 10년 전 유행했던 아이템이라도 창업자가 누구냐에 따라 성공할 수도 있다.

어떤 아이템을 선택할 것인가 고민하기 전에 창업자 자신에 대한 고민을 먼저 해야 한다. 의사결정을 제대로 하기 위해서는 창업자가 아이템에 대한 지식과 열정을 가지고 본인이 그 아이템에 대한 '지식과 열정'을 가졌는지 치밀하게 고민하는 것이 무엇보다 중요하다.

## 2. 내가 잘하지도 좋아하지도 않는 창업

창업자가 어떤 아이템을 선택할 때, '잘하는 정도' 또는 '좋아하는 정도'가 중요한 기준이 된다. 잘하지만 흥미가 없어서 다른 일에 관심이 많다면 평범한 직장인과 가깝다. 당연히, 잘하면서 좋아하는 일을 선택하면 성공 가능성이 높다.

학생들이 만든 발명품의 경우 생산은 쉽지만 사람들이 필요로 하지 않는 아이템일 가능성이 높다. 또는 많은 사람이 좋아하지만 만들기가 쉽지 않다면 비싼 가격으로 인해 특정인을 위한 아이템이 될 수밖에 없다. 따라서 만들기도 쉽고 많은 사람이 원하는 아이템이 성공 가능성을 높인다. 창업 아이템을 선정하는 과정에서 좋은 의사결정은 의외로 단순하다.

① 문제점을 조사해 정확한 현상과 사실을 수집한다.

② 확인된 현상과 사실로부터 원인과 또 다른 가능성을 파악해 대안을 도출한다.

③ 다양한 대안들 가운데 합리적이고 논리적인 해결책을 선택한다.

## 3. '사장님' 아닌 '종업원' 마인드로 시작한 창업

마음가짐은 행동에 반영된다. 사장 마인드를 가지면 매사에 주인처럼 생각하고, 행동한다. 반면, 종업원 마인드를 가지면 직원처럼 행동할 수밖에 없다. 사장 마인드를 갖는다는 것은 사업 운영에 능동성을 보이고, 적극적이면서 최선을 다하는 책임감을 지닌다는 말이다. 부정적인 태도보다 건설적인 대안을 제시하고, 문제 해결에 앞장서야 한다. 또한, 최종결정자로서 원인과 결과를 분석할 줄 아는 안목을 가져야 한다.

점포 창업을 한 경우 주변의 어떤 매장이 장사가 잘되는지, 그 지역의 특성은 무엇인지, 어떤 업종이 사라졌는지 사장이 직접 발로 뛰며 꼼꼼하게 살펴야 한다. 평소 상권을 주기적으로 조사하고 좋은 상권을 발굴하기 위해 발로 뛰면서 탐방하는 노력은 필수적이다. 이러한 노력은 사장의 몫이다. 직원은 발품을 팔지 않는다.

## 4. 사전에 준비되지 않은 '묻지마' 창업

골목상권에 들어선 '김밥집'은 '장사'일까, '사업'일까? 직장인들이 월급쟁이 생활에 환멸을 느낄 때 흔히 말하듯 "장사나 하지 뭐…"는 매우 심각한 착각이다. 한 평 남짓한 점포의 김밥집도 엄연한 사업이다. 이를 우습게 여겨 마땅히 할 일 없으니 '장사나 한다'는 생각으로 창업을 결정하는 경우가 의외로 많다.
창업 성공은 경험이 좌우한다. 김밥 한 줄 말아 본 경험도 없으면서 김밥집을 내는 것은 위험천만한 일이다. 김밥집을 내고 싶은데 경험이 없다면, 김밥집에서 설거지라도 하면서 경험을 쌓아야 한다. 배우고 겪어야 할 일이 의외로 많다.
만약 본인이 직접 배우고 경험할 수 없는 입장이라면 '부부창업'을 권할 만하다. 배우자 중 한 명이 계획하고 있는 아이템 시장에 뛰어들어 몇 년 동안 먼저 배우고 경험하는 방법이다. 다른 배우자는 창업 이후 합류할 수 있다.
부부가 서로의 장점에 맞는 업무 분담이 가능한 것도 큰 장점이다. 최근에는 아르바이트 직원 구하기가 하늘의 별 따기다. 매장 운영이 힘들어도 끝까지 함께할 누군가 있다면 큰 강점이다.

### 5. 종업원을 하찮게 여기는 마인드를 가진 창업

아르바이트생이든, 정규직이든 함께 일하는 종업원 또는 근로자는 창업 성패의 또 다른 열쇠다. 이들은 창업자의 상품과 서비스를 생산하고, 고객에게 전달하는 중요한 역할을 한다. 종업원 또는 근로자에 대해 깊은 이해와 배려가 필요한 이유다.
음식점을 예로 들어 보자. 종업원은 기본적으로 손님이 많은 식당에서 일하는 것을 피한다. 자신의 급여는 매출과 무관하게 지급되는데, 쉴 새 없이 일해야 하기 때문이다. 반대로, 손님이 적은 식당도 싫어한다. 월급을 제때 받지 못할 수 있다는 두려움, 그리고 심심하고 무료하기 때문이다.
종업원이 가장 좋아하는 식당은 적당히 무료하지도 그리 바쁘지도 않은 곳이다. 음식점 사장의 입장에서 가장 경계할 상황이다. 결국, 사장이 직접 더 많은 일을 해야 한다는 명백한 사실을 말해 준다. 모든 것을 직접 체험하고 알아야 종업원을 제대로 관리할 수 있다.
종업원의 만족도는 매우 중요하다. 일차적인 내부 고객이 종업원이기 때문이다. 종업원의 만족도를 높여 주는 것은 어렵지 않다. 성과에 대한 인센티브나 식사 제공만으로도 강한 동기부여가 될 수 있다. 근무만족도가 높은 종업원은 더욱 성실히 일하게 되고, 이는 결국 고객에게 최종적으로 돌아간다.

## 2 플랫폼 비즈니스 창업의 실패사례 2 ㈜카카오

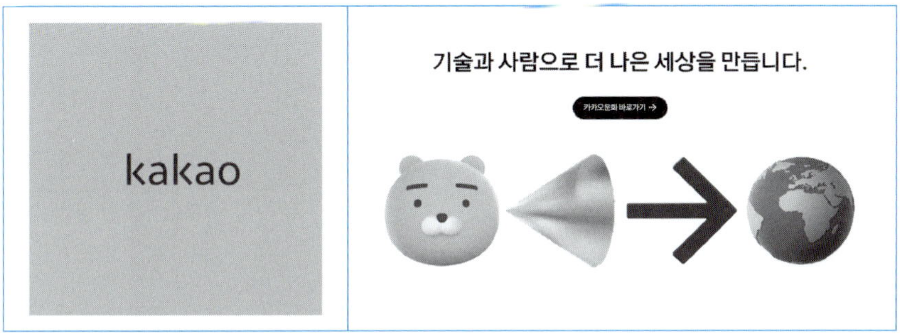


플랫폼 비즈니스 기업 ㈜카카오도 초기에는 성공과 함께 실패도 겪었다. 다음은 창업 초기 카카오 기업의 실패에 대한 몇 가지 사례이다.

### 1. 카카오페이지 전자책

카카오는 전자책, 웹소설 등 디지털 콘텐츠를 제공하기 위해 카카오페이지라는 플랫폼을 출시했다. 그러나 초기 노력에도 불구하고 이 서비스는 견인력을 얻는 데 어려움을 겪었고 상당한 사용자 기반을 확보하는 데 어려움을 겪었다. 결과적으로 카카오는 전략을 재평가하고 콘텐츠 제공에 변화를 주어야 했다.

### 2. 카카오홈

카카오홈은 카카오에서 개발한 안드로이드 런처 앱으로 개인 맞춤형 홈 화면 레이아웃과 다양한 위젯을 제공한다. 초기 약속에도 불구하고 이 앱은 안드로이드 맞춤화 시장에서 기존 업체들과의 치열한 경쟁에 직면했으며 상당한 사용자 기반을 확보하지 못하고 결국 서비스를 중단해야 했다.

## 3. KakaoStory International

카카오 인터내셔날은 카카오가 한국을 넘어 사용자 기반을 확장하기 위해 시작한 소셜 미디어 플랫폼이다. 이 플랫폼은 인기 있는 사진 공유 앱인 카카오스토리의 글로벌 버전을 제공하는 것을 목표로 했다. 그러나 잘 구축된 소셜 미디어 플랫폼과의 치열한 경쟁에 직면하여 고군분투했으나 결국 카카오는 카카오스토리 해외판 서비스를 중단하기로 결정했다.

## 4. 일본의 카카오택시

카카오는 차량 호출 서비스인 카카오택시를 일본 시장으로 확대하려 시도했다. 그러나 수많은 규제 장애물과 Uber 및 현지 택시 회사와 같은 현지 업체와의 치열한 경쟁에 직면했다. 어려운 시장 상황으로 인해 카카오택시는 일본에서 강력한 입지를 구축하지 못하고 결국 시장에서 철수하고 말았다.

이러한 사례는 카카오가 초기에 수행한 모든 벤처 및 이니셔티브가 성공적인 것은 아니라는 점을 강조한다. 그러나 이러한 실패로부터 배우고, 전략을 조정하고, 핵심 강점에 집중하는 회사의 능력은 결국 다양한 다른 영역에서 전반적인 성장과 성공에 기여했다.

## 카카오 플랫폼 비즈니스 실패에서 배우는 교훈들

1. **시장과 경쟁에 대한 이해:** 카카오의 실패는 새로운 시장에 진입하거나 플랫폼을 출시하기 전에 시장 환경과 경쟁을 철저히 이해하는 것이 중요함을 강조한다. 정보에 입각한 결정을 내리기 위해서는 기존 플레이어, 강점 및 규제 환경을 평가하는 것이 중요하다.

2. **현지 시장 환경에 적응:** 카카오의 일본 진출 실패는 현지 시장 역학에 적응하는 것의 중요성을 보여 준다. 시장 전반에 걸친 문화적, 규제 및 경쟁적 차이는 플랫폼의 성공에 상당한 영향을 미칠 수 있으므로 기업은 현지 시장 상황에 맞게 전략을 신중하게 분석하고 조정해야 한다.

3. **자기만의 고유한 가치 제공:** 카카오의 카카오페이지 전자책과 카카오홈의 실패는 매력적인 가치 제안의 중요성을 시사한다. 단순히 기존 서비스를 복제하거나 일반적인 기능을 제공하는 것만으로는 사용자를 유치하고 경쟁업체와 차별화하기에 충분하지 않을 수 있다. 기업은 시장에서 두각을 나타내기 위해 고유한 가치를 제공하고 특정 사용자 요구 사항을 해결하는 데 집중해야 한다.

4. **사용자 확보 및 유지:** 카카오 인터내셔날에서 카카오가 관심을 끌지 못한 것은 사용자 기반을 국제적으로 확장하는 데 어려움이 있었다는 것을 시사한다. 새로운 시장에서 사용자를 확보하고 유지하려면 현지 사용자 선호도, 문화적 차이 및 경쟁에 대한 깊은 이해가 필요하며, 각 시장에 맞는 강력한 사용자 확보 및 유지 전략을 구축하는 것이 성공을 위해 매우 중요하다.

5. **민첩성과 유연성 확보:** 카카오의 실패는 플랫폼 비즈니스에서 민첩성과 유연성의 필요성을 강조하는데, 기업은 시장 피드백과 변화하는 상황에 따라 전략을 조정하고 선회해야 한다. 시장 상황에 대응하고 적시에 조정하면 초기 실패를 극복하고 장기적인 성공을 이끄는 데 도움이 될 수 있다.

6. **핵심 강점의 활용:** 카카오의 실패는 새로운 플랫폼에 진출할 때 핵심 강점 활용의 중요성을 보여 준다. 기업은 새로운 시장에서 시너지 효과와 경쟁 우위를 창출하기 위해 기존 전문 지식, 리소스 및 사용자 기반을 구축하는 데 집중해야 한다. 새로운 사업 영역으로 확장하면서 핵심역량을 발굴하고 활용하는 것이 필수적이다.

# 3 창업 성공사례 1 반려동물 카페(호텔)

반려동물에 대한 수요와 시장이 점점 커지면서 애견동반 카페, 식당, 놀이시설 등 관련 서비스업이 계속해서 늘어나고 있는 추세다. 바쁜 보호자를 대신해 반려동물을 종합적으로 케어해 주는 반려동물 카페(호텔) 창업이다.

사실 어떤 사업이든 준비 없이 시작한다면 성공하기 어려울 수밖에 없다.

창업자의 입장에서는 인건비는 낮추고 수익성은 높여야 하기 때문에 철저한 준비가 창업의 성패를 좌우한다. 성공창업을 위한 요건을 살펴보자.

## 1. 좋은 입지 선정

반려동물 카페 호텔 창업의 필수조건 첫 번째는 좋은 입지를 선점하는 것이다. 주택가 주변이나 아파트 밀집지역이 제일 좋고 특히 그 지역 내에서 강아지나 고양이를 키우는 인구의 수가 높을수록 좋다고 할 수 있는데, 신규고객을 유치하는 데도 유리하다.

## 2. 장기 단골고객 유치

무엇보다 반려동물이 마음껏 쉴 수 있는 휴식공간이 되어야 계속 찾을 수 있게 되므로 동물에 관한 기본지식은 물론이고 반려동물 관리 방법과 응급상황 대처법, 행동학, 기초 훈련 등을 익히고 있어야 한다. 그래야 혹시라도 위급상황이 닥쳤을 때 당황하지 않고 대처할 수 있고 고객들의 신뢰도는 덤으로 얻어갈 수 있기 때문이다.

## 3. 반려동물에 대한 풍부한 지식

아무리 활발한 동물이어도 주인이 없는 낯선 환경을 처음부터 잘 적응할 수 없다. 따라서 관리에 신경 쓰며 작은 이상 행동에도 주의를 기울여 줘야 한다.

동물의 평소 건강상태(복용하는 약은 없는지)와 성격, 좋아하는 것, 싫어하고 무서워하는 것 등을 보호자에게 미리 확인한 후에 프로필로 정리를 해 놓으면 좋다. 이러면 처음 오는 직원들도 동물의 특징에 대해 빠르게 파악해 볼 수 있고 서비스의 질을 한층 더 높여 볼 수 있기 때문이다.

## 4. 동물케어의 시행착오 경험과 노하우

처음부터 시행착오 없이 이런 아이디어를 생각해 낸다면 좋겠지만 대부분 잘 모르는 상태에서 시작했다가 낭패를 많이 보기도 한다. 따라서 무조건 직접 경험해 보면서 부딪혀 봐야 한다는 것은 어느 정도 불가피한 과정이다. 특히 '알아야 성공합니다'라는 말을 있는데 반려동물 카페 오너들의 공통된 의견은 본인도 강아지에 대해서 많이 안다고 생각했으나 끊임없이 배우면서 운영 노하우를 터득해 나간 것이 가장 중요하다는 것이다.

## 5. 반려동물 경영에 대한 치밀한 설계

회원제, 마일리제 등 매장 운영 팁과 카페 설계부터 운영까지 세밀하게 전문가의 도움을 받아 준비하고 컨설팅을 받아야 한다. 비록 창업에 대하여 아무것도 모르는 상태에서 여기까지 성공할 수 있었던 요인이기 때문이다.

## 6. 마케팅과 매출 및 수익관리

홈페이지 제작 및 관리부터 SNS와 온라인 그리고 바이럴 마케팅 하는 법, 유튜브 수익창출 등 다양한 콘텐츠들을 배우고, 총투자비용에 대한 수익을 철저히 분석하여 수익구조를 매달 면밀히 분석해 나간다. 특히 보이지 않는 운영비용과 예상하지 못한 씀씀이들이 많기 때문에 운영관리에 필요한 시행착오를 수시로 점검하여 비용을 줄여 나가야 한다.

# 4 콘텐츠 창업 성공사례 2 구글 위키하우(WIKI HOW)[해외]

## 1. 성공의 핵심요소: 양질의 콘텐츠

어떤 방법이든 무엇이든지 가르쳐 주기 위한 위키는 '우리가 ~하는 방법을 찾을 때 이런 방법들을 모아 둔 위키가 있으면 어떨까?' 해서 시작된 검색 사이트이다. 윗몸 일으키기처럼 간단한 운동 방법, 다양한 헤어 스타일, 피부 관리법부터 이성을 사귀는 법, 마법사가 되는 법 등 다양한 정보를 제공하여 고객의 니즈를 만족시키고 있다.

## 2. 콘텐츠로 사람에게 유익을 주겠다는 비전

일상생활 속의 평범한 궁금증 그리고 해결 방법 등을 제시하여 고객을 상업적으로 이용하여 수익을 내겠다는 생각보다는 먼저 고객에게 유익을 주겠다는 고객중심 마인드가 결국 성공의 키워드가 되었다. 직접 사진을 찍거나, 전문가에게 의견을 제시하면서, 항상 사람들이 원하는 정보가 무엇인지 고민하는 자세가 인기 비결인 것이다.

## 3. 창업자의 정체성(마인드)

블로거가 아닌 콘텐츠 회사의 대표라는 정체성을 가지고 꾸준히 그러나 계속적인 혁신을 통해 고객의 니즈를 맞춤식으로 전달하겠다는 콘텐츠 창업의 비즈니스 원칙을 교과서적으로 유지해 온 결과가 오늘의 성공을 가져오게 되었다.

## 4. 단순하지만 지속 가능한 아이템

창업을 시작할 때는 어렵고 복잡한 것보다 단순하지만 매력적인 아이템을 선택하는 것이 효과적이다. 특히 콘텐츠 창업과 플랫폼 비즈니스 창업의 경우 지식과 트렌드의 사이클이 매우 빠르게 진행되기 때문에 적시의 업데이트와 업그레이드가 필수적인 조건이다.

추천 글
얼굴 점 위치로 보는 관상
안드로이드에서 유튜브 동영상 다운로드하는 4가지 방법
전문가들이 말하는 비호감 별자리는
자르지 않고 축제용 손목 밴드 푸는 방법
사랑하는 사람에게 쓸 수 있는 스윗하고 로맨틱한 사과 문자 33가지
상대가 모르게 아이폰에서 위치 공유 끄기
소셜미디어에서 사용하는 <3 이모티콘은 무슨 의미일까?
메모 앱에서 실수로 입력한 내용을 실행 취소하거나 삭제하는 6가지 방법
키보드 단축키로 원
페이스북에 하트 임
복부 진공 운동하기
아이폰에서 음악 삭
카테고리 둘러보기
대중문화와 예술
자동차 및 기계
컴퓨터 및 전자기기
교육 및 커뮤니케이션
가족 및 일상생활
금융 및 비지니스
요리와 식생활
건강
취미 및 공예
기념일
주택 및 인테리어
퍼스널 케어 앤 스타일
애완동물
종교와 철학
연애
스포츠 및 피트니스

## 청년 창업 성공을 위한 5가지 키워드

실패를 두려워하지 않고 자산으로 축적할 수 있는 청년 창업이 더 활발한 요즘 시대에 많은 청년들이 창업을 시도하고 있다. 젊은 나이에 소규모 창업으로 시작해 크게 창업에 성공한 젊은이들도 많다. 청년 창업의 주요 성공요인이 무엇인지 살펴보자.

### 1. 첫 번째, 작은 것에 집중하기

시작은 작은 것에 집중하기이다. 창업을 시작할 땐 누구나 꿈을 크게 꾸기 마련이지만 꿈이 너무 커지게 되면 집중해야 하는 것을 놓치기 쉽다.

청년 창업에 성공한 사람들을 보면 시작부터 크게 사업을 시작한 사람은 많지 않다. 작은 영역에서부터 시작해 크게 영역을 확장해 나가는 것이 대부분이다. 성공을 위해 넓은 범위의 고객을 타깃으로 삼는 것은 좋지 않으며 작지만 확실한 판매 집단을 대상으로 설정해야 수익을 확실하게 보장받을 수 있다. 고객층이 넓어질수록 다양한 기업과의 경쟁도 심해지기 때문에 소규모 창업인 쪽이 상대적으로 더 경쟁에서 밀려날 수밖에 없다.

### 2. 두 번째, 지속 가능한 아이템 선택

지속 가능성이 있는 사업 아이템 선정이다. 창업을 시작할 때는 어렵고 복잡한 것보다 단순하지만 매력적인 아이템을 판매하는 것이 효과적이다. 하지만 발전 가능성이 없는 아이템은 소비자에게 장기적으로 흥미를 끌기 어렵다.

지속적으로 상품을 업그레이드할 수 있고 소비자와 소통하며 제품을 개선할 수 있는 그런 상품이 시장에서 경쟁성을 가질 수 있는 것이다. 단순한 통계 수치에 연연하지 않고 꾸준하게 사업을 운영하고 개선해 나간다면 사업을 성공할 확률이 높아진다.

### 3. 세 번째, 내가 가장 잘할 수 있는 분야

내가 잘 아는 분야 선택이다. 창업을 시작할 때는 잘 모르는 분야를 선택하는 것보다 어느 정도 내가 기본지식이 있는 분야를 선택하는 것이 성공하기 쉽다.

내가 좋아하는 분야를 선택하게 되면 제품을 만들거나 서비스를 제공할 때에도 작은 디테일들을 반영해야 하는데 그런 디테일들이 모여 내 사업의 특별함이 되기 때문이다. 만약 내가 좋아하는 것이 아닌 다른 사람들이 선호하는 분야로 선택하고 싶다면 그 분야의 전문가와 함께 사업을 운영하는 것도 방법이다.
내가 관심이 없고 애정이 없는 분야는 소비자의 눈으로 봤을 때 한눈에 알아차리기 쉽다.

### 4. 네 번째, 장기적인 안목으로 끈기 있게

창업을 시작할 때 꿈꾸던 모습이 있다 보니 처음에 사업이 잘 진행되지 않는다면 금방 포기하는 경우가 많다. 하지만 사업은 장기전이기 때문에 단순히 금방 사업이 성공적이지 않더라도 쉽게 포기해서는 안된다. 특히 주변에서도 창업을 많이 시작하고 또 빠르게 사업의 문을 닫는 것을 보면서 포기하고 싶은 마음이 들지도 모르나 창업에 성공하는 사람들은 모두 오래 창업을 붙들고 있던 사람들이다. 쉽게 창업을 포기한 사람들은 사업에 성공할 가능성이 적다.

### 5. 다섯 번째, 실패를 두려워 말고 도전하라

창업을 시도할 때 만반의 준비를 하고 시작해야 성공할 수 있다고 생각하기 쉽다. 그렇기 때문에 창업이 어렵게 느껴진다. 하지만 모든 것을 알고 난 뒤 창업을 시작하기에는 시간이 너무 오래 걸린다. 필수적인 자본과 지식 그리고 이이디어만으로 창업을 시도하며 사업을 알아가는 것이 중요하다.

대부분의 전문지식을 이론으로 습득하는 경우도 많지만 실제로 현장에서 일을 하면서 몸으로 배워 가는 것도 많기 때문이다.

출처: 뉴비즈스타트.

Chapter

# 12

# 성공한 창업가

1. 푸드트럭 창업이란
2. 푸드트럭 창업의 성공전략 & 주의사항
3. 국내 푸드트럭 성공사례 - 캠퍼스 푸드트럭
4. 해외 푸드트럭 성공사례 '유타 컵밥' 소개 & 성공전략

Chapter 12

# 성공한 창업가

## 1 푸드트럭 창업이란

푸드트럭 창업은 소자본 창업의 대표적 유형 중 하나라고 할 수 있다.

푸드트럭의 특징은 소형 트럭을 개조해 음식을 조리, 판매하는 차량으로서, 국내에서는 불법 노점상과 비교되고 위생적으로도 더럽다는 인식이 강하지만 외국에서는 이미 활성화된 외식 분야로 자리 잡았다. 출퇴근 시간에 푸드트럭에서 음식을 사서 간단히 끼니를 때우거나 점심을 즐기는 사람을 흔히 볼 수 있다. 하지만 국내 푸드트럭에서 가장 많이 선보이는 메뉴는 누구나 좋아하는 타코야키, 꼬치, 커피, 토스트 등 재료값이 싸고 조리법이 간단하며 조리시간이 짧은 게 특징이다.

푸드트럭의 가장 큰 장점은 초기자본이 저렴하다는 것이다. 소형 트럭과 조리시설만 갖추면 누구나 쉽게 운영할 수 있다. 다른 장점은 기동성이 좋다는 것이다. 기존 노점상의 경우 바퀴가 달려 이동이 가능하지만 무게가 무겁고 직접 끌어야 된다는 단점이 있어 한정된 곳에서만 장사를 할 수 있다. 하지만 푸드트럭은 자동차로 어디든 쉽게 움직일 수 있다.

## 2 푸드트럭 창업의 성공전략 & 주의사항

푸드트럭 창업이 2014년 합법화된 이후 전국적으로 영업허가를 받은 푸드트럭은 200여 대 정도에 불과하다. 하지만 대다수는 잠정휴업상태이다. 원인은 목 좋은 상권 내 진입이 어렵기 때문이다. 푸드트럭의 가장 큰 장점이라고 할 수 있는 이동식 영업은 아예 불가능하고, 허가된 장소에서만 영업해야 하는데, 그나마도 한적한 공원이 대부분이다. 유원지, 도시공원, 체육시설, 하천, 대학 캠퍼스, 고속도로 졸음 쉼터뿐 아니라, 국가 지자체 공용재산과 지자체가 조례로 정하는 장소까지 점차 확대되고 있기는 하지만, 실제 영업이 가능한 곳은 많지 않다. 푸드트럭 창업자들은 입지선정에 난관을 겪고 있다. 그렇다면 푸드트럭 창업에 성공할 수 있는 전략은 무엇일까?

### 성공전략

1) 맛은 기본, 스토리를 담아라
2) 부담 없는 가격의 독창적인 메뉴
3) 끊임없이 소통하고, 위생적으로 더욱 고급지게!

### 주의사항

푸드트럭 창업의 주요 주의사항에 대해 설명하자면, 과도한 투자는 금물이다. 푸드트럭은 대표적인 소자본 창업으로 꼽힌다. 하지만 차량 개조비용 등 만만찮은 비용이 드는 것 또한 사실이다. 주방설비 등 각종 집기류 비용을 더하면 중고로 준비해도 최소 1천만 원은 훌쩍 넘기게 되는데, 인테리어나 디자인 등을 추가로 고려한다면 발생하는 추가비용 또한 만만치 않게 든다. 이에 대해 전문가들은 불필요한 자금을 많이 들이지 않고 본질에 집중해야 한다고 한다. 또한, 푸드트럭이 합법화됐다고 모든 곳에서 아무렇게나 운영하면 안 된다. 필요할 경우 지자체가 조례를 제정해 원하는 곳에 푸드트럭 영업장소를 지정할 수 있다.

## 3 국내 푸드트럭 성공사례 – 캠퍼스 푸드트럭

대국민 남녀노소가 즐겨보는 MBC 예능프로그램 '무한도전'에서 멤버들이 100만 원의 자본금을 갖고 돈을 버는 미션을 수행하는 편이 방영된 적이 있다. 이 중 개그맨 정준하는 조그만 조리시설을 갖춘 푸드트럭을 이용해 닭꼬치 등 음식을 판매했었고 서울 시내에서 유동인구가 많은 곳 중 하나인 강남역에서 그는 하루 만에 200만 원에 가까운 매출을 올렸다. 또한, 캠퍼스 앞에서도 장사를 하여서 많은 사람들이 몰렸으며, 재료비, 트럭 임대비 등을 제외했더니 순이익은 15만 원이었다. 하루에 16만 원을 번다고 가정하고 매달 20일 가량 일하면 320만 원을 벌 수 있다는 계산이 나온다. 많은 청년들이 푸드트럭 창업에 관심을 가지고 있는데, 정준하가 번 수익은 더욱 더 관심을 크게 가지게 할 만한 수익이었다.

국내 푸드트럭의 성공사례들은 적지도 않고 그렇게 많지도 않지만 그중에 요즘 새롭게 주목받고 인기 있는 캠퍼스 푸드트럭에 대해서 소개한다.

대구 구미대학교 캠퍼스 내 '한량 토스트' 푸드트럭 사진

대구의 구미대학교는 청년일자리 창출사업 일환으로 추진하는 '캠퍼스 푸드트럭'이 학생들로부터 좋은 반응을 얻고 있다. 구미대학교에서 푸드트럭 창업을 하고 있는 사람은 올해 구미대 전기에너지과를 졸업한 전재환(26) 씨이다. 최근 청년 CEO로 선발돼 '한량 토스트'라는 상호의 토스트 전문매장을 열었다. 캠퍼스 본관 앞에서 영업을 시작하였으며, 주말을 제외하고 하루 40만 원 안팎의 매출을 올리고 있다. 치즈, 소시지 등의 토스트를 2000~2500원에 판매하고 있다. 창업자는 창업에 꼭 도전해 보고 싶어서 시작했고, 지금은 단골이 생길 정도로 반응이 좋아 향후 토스트 푸드트럭의 체인점도 구상하고 있다. 구미대학교 캠퍼스 내에서 푸드트럭을 운영하며 재료값도 얼마 들지 않고 대학생들이 공강 시간에 간단히 먹기 좋고 소비하는 사람의 입장에서도 가격이 저렴해서 부담되

지 않고, 푸드트럭을 운영하는 사람도 하루에 큰 매출을 올리고 있으니, 앞으로도 계속 인기를 몰아갈 것이다. 캠퍼스 내 푸드트럭을 운영하는 것은 푸드트럭 입지에 적합한 장소이다.

## 4 해외 푸드트럭 성공사례
### '유타 컵밥' 소개 & 성공전략

간단한 '컵밥'은 소자본 창업의 정석이라고 말할 수 있다. 부담 없이 시작하는 소자본 창업아이템으로 컵밥이 인기몰이를 하고 있으며, 예비창업자들이 많은 관심을 보이고 있다고 한다. 해외에서 우리나라의 음식 '컵밥'으로 대성공한 한국인들이 운영하는 '유타 컵밥' 푸드트럭에 대해 알아보자.

미국 유타 주에서 푸드트럭 '컵밥' 으로 인기를 끌고 있는 한국인(송정훈, 김종근, 박지형)

2015년에 다큐 공감 '한국 컵밥, 미국 유타를 사로잡다' 편이 방영됐던 적이 있었는데, 한국의 젊은이들이 대표 길거리 음식 중 하나인 컵밥으로 미국에서 월 매출 1억 8천만 원의 성공을 이룬 이야기이다.

미국 서부 유타 주, 모르몬교의 진원지로 잘 알려진 이곳에서 우리나라 길거리 음식 컵밥으로 푸드트럭 창업의 역사를 새로 쓴 3명의 한국인 청년들이 있다. 이 중 미국 유타 대학에 입학한 한인 유학생 38세 송정훈 씨는 우연히 들른 음식축제에 한국음식이 없다는 사실을 발견하고 미국인이 좋아할 만한 한국음식에 대해 생각했고 노량진 고시생들의 길거리 음식으로 알려진 컵밥에 주목하였으며, '노량진 컵밥'으로 미국인들의 입맛을 사로잡기로 결심한 3명의 청년들은 'CUP BOP'이란 타이틀로 대접 같은 종이컵에 쌀밥, 잡채, 고기를 담고 소스를 얹어 컵밥 푸드트럭을 시작했다.

## 유타 컵밥의 성공전략

### ❶ 가장 한국적인 맛, 한국의 매운 맛

먹을수록 빠져드는 중독성 강한 매운 한국식 소스 맛에 주목한 그들은 한국 고유의 고추장과 간장으로 소스를 만들고, 1부터 10까지 10단계의 매운 맛 소스를 준비해 취향에 맞게 매운 맛을 선택할 수 있도록 했다.

### ❷ 한국 정서를 담은 덤 문화

SNS를 통해 찾아오거나 한국말을 배워 오는 손님들에게 고마움의 표시로 시작한 '덤'이 이제는 컵밥 푸드트럭의 매력적인 서비스로 자리 잡았고, 만두 한 접시, 잡채 한 접시의 덤이 가져다주는 매력, 우리나라의 덤 문화가 미국인들의 마음을 사로잡았다.

### ❸ 30초 전략

재빨리 메뉴를 제공하는 서비스이다. 즉, 30초 전략이다.

컵밥 푸드트럭을 시작한 지 단 2년 만에 유타 주 120여 대 푸드트럭 중 가장 놀라운 성장세를 보였다. 한국 청년들의 CUP BOP 푸드트럭은, 3대의 트럭으로 일주일에 35곳을 돌며, 월 매출 1억 8천만 원을 올려 컵밥, 컵밥 푸드트럭으로 이슈를 모았다. 이들은 푸드트럭 중 최초이자 유일하게 미국 유타 주 축구 경기장에도 초대받았고, 이들은 열심히 일하기보다 즐겁게 일하는 것이 특징이며, 비보이 출신인 송 씨는 손님들의 대기 시간이 길어질 때마다 춤 실력을 뽐내며 작은 공연을 선보이면서 미국인들의 관심을 더욱 받았다. 소자본 창업 중 하나인 푸드트럭, 많은 한국 청년들이 푸드트럭 창업을 계획 중이라면, 이들에 전략에 주목할 필요가 있다.

미국인들의 '유타 컵밥' 사랑이 담긴 SNS 사진들

## 해외사례 1. 사카이 이삿짐센터

일본 전역을 달리는 사카이 이삿짐센터의 이삿짐 운송 트럭, 마스코트 팬더가 그려져 있어 친근한 느낌을 준다.

## 1. 사카이 이삿짐센터 창업자

다시마 겐이치로(田島憲一郎)

## 2. 사카이 이삿짐센터의 발단배경

사카이 이삿짐센터는 1971년 11월 창업해 올해로 47년째 이어져 내려오고 있다. 본사는 오사카(大阪) 부 사카이(堺) 시에 있다. 사카이는 오사카 부 남쪽에 있는 도시로, 오사카만에 면해 있다. 일찍이 무역항으로 발전해 중세부터 일본에서 가장 크고 중요한 항구였다.

사카이 이삿짐센터는 오사카를 중심으로 영업을 시작해 지금은 위로는 홋카이도(北海道), 아래로는 오키나와(沖繩)까지 일본 전역으로 영업 영역을 확장했다.

## 3. 사카이 이삿짐센터의 성장과정

다시마 겐이치로 회장은 1971년 오사카부 사카이시에서 34세의 나이로 사카이 이삿짐센터를 창업했다. 처음엔 아버지 다시마 신이치로(田島新一郎)가 세운 '신카이(新海)상운' 영업소에서 지역 거래처를 확보해 화물 자동차 운송 사업을 시작했다. 그러나 기업 화물을 실어 나르는 이 사업은 경쟁이 치열했다. 다시마 회장은 대부분 개인인 불특정 다수의 고객을 상대하는 '이사'에 주목했고, 이삿짐센터 시장 성장을 예상하고 '아이 이삿짐센터'를 1979년 세웠다. 1989년 자회사였던 야시마(八洲)운송과 합병하면서 상호를 '사카이 이삿짐센터'로 변경했다.

다시마 회장이 아버지의 회사에서 독립해 처음 사업을 시작했을 때에는 가진

게 없었다. 일본 경제매체 주간 『다이아몬드』에 따르면 그는 "아버지에게서 받은 부서질 것 같은 중고차 2대가 전부였다"고 말했다. 중고차는 매일 고장 났고 밤에 차를 고치고 낮에는 주변 기업을 방문해 영업했다. 당시 법인 상대 운송업은 대금의 절반만 현금으로 받고 나머지는 약속어음으로 받았다. 그래서 항상 자금난에 시달렸지만, 아버지는 도움을 주지 않았다. 보증은 서준다고 했지만 은행은 자금을 대출해 주지 않았다. 다시마 회장은 대출을 받으러 간 은행에서 응접실이 아닌 창구에서 상담한 일을 잊을 수 없다고 한다.

자금난을 겪던 다시마 회장은 1974년 기업 화물을 운송하지 않는 토 · 일요일에 이사 사업을 하기로 했다. 이삿짐센터 사업을 시작했지만 홍보할 돈이 없어 합판을 사와 페인트를 칠해 간판을 만들었다. 이 간판을 새벽 3시에 일어나 주택가 근처 전신주에 걸었다. 허가받지 않은 간판이므로 철거되면 다시 걸었다. 이렇게 홍보를 하자 성과가 나오기 시작했다. 오사카 부의 센보쿠(泉北) 지역에 뉴타운이 건설됐지만, 경쟁 이삿짐센터가 적었다. 다시마 회장은 다른 업체와 달리 진심을 다해 이삿짐을 날랐고, 입소문을 타고 새로운 고객이 계속 생겨났다. 이사는 기업 시장과 달리 현금이 손에 들어오는 사업이어서 더 좋았다. 그는 이사 전문 업체 '아이힛코시센터'를 설립했다. 현재의 사카이힛코시센터다.

사업이 적정 궤도에 오르자 다시마 회장은 전국 확장을 꾀했다. 먼저 오사카 인근 고베(神戸) · 교토(京都)에 1984년 지점을 냈고, 1986년에는 도쿄 옆 요코하마로 진출했다. 그는 브랜드를 알리기 위해 '이사는 이사의 사카이'라는 TV 광고를 내보냈다. 광고가 성공하면서 전국적인 인지도를 얻었다. 당시 일본에서 이사 사업은 대표적인 3D(더럽고 힘들고 위험한) 일이

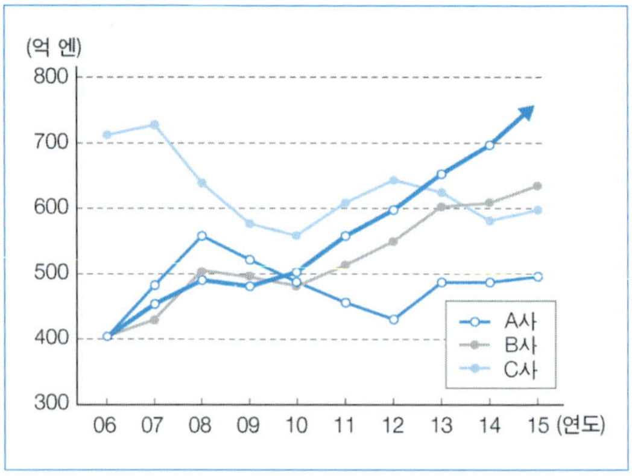


**사카이 이삿짐센터와 경쟁사 매출액**
출처: 사카이 이삿짐센터.

어서 직원들의 서비스 수준이 높지 않았다. 고객 불만도 많았다. 다시마 회장은 1984년 고객만족도 조사 활동을 시작해 고객에게서 직원의 서비스를 평가받았다. 덕분에 직원의 윤리 의식도 높아졌고 새로운 서비스 개발로 이어졌다.

## 4. 사카이 이삿짐센터의 성공비결

- **성공비결 1.** 숙달된 직원의 안전하고 신속한 서비스
- **성공비결 2.** 일관 이사 시스템 구축
- **성공비결 3.** 이사 연관 기업과 제휴 체결
- **성공비결 4.** 맞춤형으로 세분화된 이사 프로그램

사카이 이삿짐센터는 이사 상황에 맞춰 7가지 코스를 준비해 놓고 있다.

① '편안한 코스 프리미엄'은 가장 비싼 코스다. 사카이 이삿짐센터와 다스킨이 협력해 이삿짐을 싸고 푸는 것과 새집 청소까지 한번에 제공한다. 이삿짐을 새집에 배치한 후 다스킨 직원이 집 안을 청소한다. 이사 후 3개월 이내에 다시 다스킨 직원이 방문해 살면서 더러워진 곳이나 신경 쓰이는 곳을 우선적으로 청소하고, 6개월 이내에 다시 방문해 지난 번과 다른 곳을 청소한다. 회사 측은 가족 중 임신부가 있거나 고령자가 있어 이사 부담이 큰 경우, 또는 이사한 첫날부터 깨끗하게 정돈된 집에서 살고 싶은 고객에게 이 코스를 추천한다.

② '편안한 A코스'는 식기와 가구 등 모든 것을 포함하는 포장이사 서비스다. 포장 전문 직원이 식기류와 작은 도구 포장을 담당하고 나중에 새집에서 풀어 준다.

③ '편안한 B코스'는 살던 집의 모든 것을 사카이 이삿짐센터 직원이 포장하고, 새집에서 짐을 풀 때 작은 물건은 집 주인이 배치하는 코스다.

④ '편안한 C코스'는 식기류와 대형 가전을 포장하고 새집에서 풀어 놓을 때 사카이 이삿짐센터가 도와주는 코스다. 대부분의 이삿짐을 고객 본인이 포장하는 만큼 이사 비용이 줄어들어 돈을 아끼고 싶은 경우 선택하면 된다.

⑤ '절약 코스'는 대형 가구의 포장과 배치만 도와주는 코스다. 시간 여유가 있고 체력에 자신이 있는 경우, 짐이 적은 경우, 사생활을 보호하고 싶은 경우에 권한다.

⑥ '합승 코스'는 극단적으로 비용을 줄인 이사 서비스다. 특별히 이사 일을 정하지 않아도 되고 짐이 적은 경우 이사하는 방향이 비슷한 다른 고객과 함께 짐을 실어 나르는 코스다. 지방의 본가로 돌아가는 이사여서 이삿짐 도착에 여유가 있는 고객이 여기에 해당된다.

⑦ '재건축 코스'는 살던 집을 다시 짓는 등의 이유로 이삿짐을 다른 곳에 오랫동안 두어야 할 때 사카이힛코시센터가 보관해 주는 서비스다.

## 해외사례 2. 일론 머스크

### 1. 눈치 보지 않기로 소문난! 일론 머스크(Elon Musk)

- **출생:** 1971년 6월 28일 남아프리카공화국
- **소속:** 테슬라모터스(CEO), 스페이스엑스(CEO), 솔라시티(회장)
- **경력사항:** 1995년 집투 설립

  1995~1999 집투 CEO

  1999 엑스닷컴 설립

  1999~2000 엑스닷컴 이사회 의장

1999~2001 엑스닷컴 CEO

2000 페이팔 CEO

2000~2002 페이팔 이사회 이사

2002.6. 스페이스엑스 설립

2002.6.~ 스페이스엑스 CEO

2003~ 테슬라모터스 CEO, 솔라시티 CEO

- **학력:** 퀸스 대학교(킹스턴)
  펜실베이니아 대학교 경제학 학사
  스탠퍼드 대학교 대학원 중퇴

일론머스크의 생애는 모든 사람이 '현존하는 아이언맨'이라고 부를 정도로 현실과 동떨어진 사람처럼 느껴진다. 단순한 상상을 하는 것은 누구나 할 수 있지만 그것을 현실화시키는 건 아무나 할 수 없는 일이다. 어느 한 분야에 재능을 보이는 건 흔한 일이지만 그 재능이 단순한 재능의 수준을 뛰어넘었을 때 "천재"라 말한다는 것이다. 그에게 있었던 2008년의 암흑기는 아주 잠시 스쳐지나간 듯 하지만 일론 머스크 입장에서는 다시는 경험하고 싶지 않은 지옥이었을 것이다. 경제 불황을 이기고 현재의 테슬라모터스와 솔라시티를 만들기 위해 상상 그 이상의 노력이 있었고, 천재도 노력하는 사람을 따라가진 못한다는 말이 있지만 그는 노력하는 천재였다. 노력하는 천재를 누가 따라갈 수 있을까?

## 2. 일론 머스크의 일생

### 현존하는 아이언맨, 일론 머스크의 생애

- 1971년 남아프리카 공화국에서 태어났다.
- 불우한 유년기를 보냈으며, 학교생활에도 제대로 적응하지 못했다.
- 하루에 10시간씩 독서할 정도로 스스로 배우는 학생이었다. 4학년 때는 브리태니카 백과사전에 빠져서 지냈다.
- 사람을 일종의 컴퓨터라고 생각하여 '학습'은 데이터와 알고리즘을 뇌에 다운로드하는 프로세스라고 여겼다. 학교에서 선생님이 가르쳐 주는 것을 배우는 것은 "우스울 정도로 느린 다운로드 속도"라고 생각했다.
- 9세 때 컴퓨터를 처음 접하고, 보통 완성하는 데 6개월이 걸리는 프로그램 가이드를 3일 만에 끝냈다.
- 12세에 〈Blaster〉라는 비디오게임을 만들어서 컴퓨터 잡지사에 500달러(현재 가치로 약 1,200달러)에 팔았다.
- 17세에 남아프리카를 떠나서 캐나다 시민권자가 되었고, 몇 년 후에 미국 펜실베이니아 대학으로 편입하였다.
- 대학 때 "인류의 미래에 가장 큰 영향력을 끼치는 게 무엇일까?"라는 질문을 스스로에게 던졌고, 다음과 같은 5개의 답을 찾았다고 한다.

  ① 인터넷

  ② 지속 가능한 에너지

  ③ 우주 탐사(특히 지구를 넘어선 우주에서의 인류 생명 연장)

  ④ 인공지능

  ⑤ 인간유전코드 재프로그래밍

## 온라인 은행으로 20대 천만장자가 되다

- 대학 졸업 후 '지속 가능한 에너지'라는 미션을 선택했고, 에너지를 보다 효율적으로 저장하는 기술을 공부하는 박사프로그램에 지원했다. 하지만 이틀 후 인터넷이라는 거대한 물결을 느끼고, 박사 프로그램을 그만두고 인터넷을 선택했다.
- 1995년에 Netscape에 취업하려고 했지만 실패하고 친형 킴벌(Kimbal)과 Zip2라는 회사를 창업했다. 이는 오늘날의 Yelp와 Google Map을 결합한 서비스였고, 지역 사업자들이 Yellow Page가 아닌 온라인 디렉토리에 자신의 사업체를 등록하게 하는 서비스였다. 형제는 돈이 전혀 없어서 사무실에서 자고, YMCA에서 샤워를 할 정도였다. 처음에는 지역 사업자들을 설득하기가 어려웠지만, 결국 인터넷 붐을 타고 고객들을 끌어모으기 시작했고, 1999년에 Compaq이 Zip2를 3천억 원에 인수했다. 머스크는 당시 27세였고, 220억 원을 손에 쥐었다.

## 테슬라와 머스크, 역사를 쓰다

- 2008년이 시련의 끝은 아니었지만, 그 이후로 이어지는 7년 동안 일론 머스크와 그의 회사는 초고속 성장을 보여 준다.
- 세 번의 발사 실패 이래로 SpaceX는 20번의 로켓 발사를 모두 성공한다. NASA는 고정 고객이 되었고, SpaceX는 기업들이 역사상 가장 낮은 비용으로 우주에 무언가를 보낼 수 있게 만들어 주었고, 이로 인해 많은 고객들이 생겼다. 또한 역사상 우주선을 발사해서 지구로 무사히 돌아오는 것에 성공한 사례가 전부 네 번 있는데, 바로 미국, 러시아, 중국, 그리고 SpaceX다.

- 현재 SpaceX는 사람을 태워 우주로 보내는 우주선을 테스트하고 있고, 한 번에 100명을 화성에 보낼 수 있는 우주선 프로젝트도 시작했다. 구글과 피델러티로의 최근 투자는 SpaceX의 회사 가치를 12조 원으로 평가했다.
- 테슬라 Model S는 Consumer Reports로부터 역사상 가장 높은 99/100점을 받았고, National Highway Safety Administration으로부터도 4.4/5점이라는 역시 역사상 가장 높은 점수를 받는다. 기존 자동차 산업은 말 그대로 충격에 빠졌고, 테슬라는 엄청난 성공을 거둔다.
- 2016년에는 저렴한 가격의 대중적인 모델 Model 3를 출시하였다. 테슬라의 시가총액은 현재 30조 원을 바라본다. 여기서 그치지 않고 테슬라는 세계에서 가장 강력한 배터리 회사가 되어 가고 있다. 리티움(Li)아이온 배터리의 세계 생산량을 두 배로 늘리기 위해 'Gigafactory'라는 배터리 생산 공장을 건설하였다.
- 솔라시티는 2012년에 상장되었고, 약 6조 원의 시가총액을 가지고 있다. 이 회사는 현재 미국에서 가장 큰 태양열 패널 설치 업자가 되었다. 버팔로에 미국에서 가장 큰 태양열 패널 생산 공장을 짓고 있고, 테슬라의 새로운 홈 배터리인 Powerwall에 패키지로 들어가는 상품을 제작하기 위해 파나소식과 제휴를 맺고 있다.
- 머스크는 여기에 만족하지 않았고, 남는 시간에는 Hyperloop라는 운송 수단 개발을 연구하고 있다고 전해진다.

머스크의 세 개 회사는 2~3년 안에 모두 3만 명 이상을 고용하는 회사가 될 예정이다. 2008년에 거의 파산해서 처가댁 지하실로 이사해야 할지도 모르는 상황이었는데, 현재 머스크의 순자산은 13조 원을 넘어섰다.

### 현재 일론 머스크가 연관되어서 일하고 있는 산업분야

- 자동차
- 항공우주
- 태양열 에너지
- 에너지 저장장치
- 인공위성
- 초고속 육상 운송
- 다행성 확장

# 참고문헌


강창완(2016) 빅데이터 분석의 이해 및 활용, 대동대학교 교수학습센터

국가정보화전략위원회(2011.11) "빅데이터를 활용한 스마트 정부 구현(안)"

금진호 외(2017), 자기개발능력(NCS), 양성원

김명준(2012) 빅데이터미래전략, ETRI

김용진(2015), 경영학 사용설명서, 클라우드나인

김위찬, 르네 마보안(2002) 블루오션전략

김응수 외(2016), 창업과 세무, 도서출판 대경

김학용(2016) 사물인터넷 개념, 구현기술 그리고 비즈니스

김현곤(2012) 빅데이터시대 전망과 국가미래전략, 한국정보화진흥원

김희철(2016), 창업경영론, 도서출판 두남

노기엽, 장영규(2016), 모의창업

라젠드라 시소디어(2012), 권영설 옮김, 위대한 기업을 넘어 사랑받는 기업으로, 럭스미디어

마스다 무네야키(2014) 지적자본론창업과 경영

부산대학교 창업보육센터 사업계획서(2006), 부산대학교 창업지원단 중소기업창업보육센터

부산대학교 창업보육센터 입주신청서(2006), 부산대학교 창업지원단 중소기업창업보육센터

사토 가츠야키(2016), 내가 미래를 앞서가는 이유(스타트업 1위 천재사업가의 미래 통찰)

스티븐 에이커(2015) 빅데이터로 세상을 지배하는 사람들

심미자(2016), 교수법특강, 대동대학교 교수학습센터

아담 브라이언트(2012), 윤영삼 옮김, 사장실로 가는 길, 가디언

에이미 에드몬드슨(2015), 오지연 옮김, 티밍, 도서출판 정혜

이선성 외(2014), 세금을 알면 부자가 된다, 세학사

이코노미 조선 - “사카이 이삿짐 센터” 검색
장수용(2010) 직무분석 이렇게 한다. SBC 전략기업컨설팅
장영광(2014), 생활속의 경영학, 신영사
장영재(2010), 경영학 콘서트, 비즈니스북스
장정빈(2016), 히든 서비스, 올림
제러미 리프킨(2012) 3차 산업혁명
제리 카플란(2016) 인간은 필요없다
조태현(2008), 고객 유혹의 기술, 비전코리아
직업교육훈련과정 개발을 위한 직무분석 지침서(2003) 한국직업능력개발원 연구자료 03-1
최정임(2009) 요구분석 실천 가이드. 학지사
클라우스슈밥(2016) 제4차 산업혁명
피터 틸(2014), 제로 투 원
하버드 창업가 바이블(2014), 다니엘 아이젠버그
하버드경영대학원(2010) 경영전략
함주한(2008), 마케팅 무작정 따라 하기, 길벗
kbs 명견만리 제작팀(2016) 명견만리, 우리가 준비해야 할 미래의 기회를 말하다
「빅데이터 혁명과 미디어 정색 이슈」 정용찬(2012a) 정보통신정책연구원

Mckinsey Global Institute(2011년) Big Data: the next frontier for innovation, competition, and productivity. Mckinsey&Company

검색포털 다음 “창업사이트”검색
네이버 블로그 ‘이긍정’S’
[네이버 지식백과] 사물인터넷 [Internet of Things(IoT)](두산백과)
[네이버 지식백과] 사물인터넷은 만능인가? (사물인터넷의 미래, 2014. 11. 28., 한국전자통신연구원(ETRI), 전자신문사)
네이버 지식백과 “엘론 머스크”검색

gary medium
http://blog.naver.com/jang00800/220584052153

http://blog.naver.com/ntower?Redirect=Log&logNo=220729147919
http://blog.naver.com/sosoifree/220635578779
http://elonmusk.com
http://navercast.naver.com/contents.nhn?rid=122&contents_id=19022
http://news.kbs.co.kr/news/view.do?ncd=3262426&ref=A
http://people.incruit.com/news/newsview.asp?newsno=2649260
http://ppss.kr/archives/62249
http://qna.ac/ab-942-23&article_num=23&SI_F_serial_num=asc&PB_1420702587=2
http://sulia.tistory.com/514
http://terms.naver.com/entry.nhn?docId=2851213&cid=56756&categoryId=56756
http://webkim.blog.me/220523501747
http://www.samsungfundblog.com/archives/32418
http://www.segye.com/content/html/2015/05/29/20150529003538.html?OutUrl=naver
http://www.viva100.com/main/view.php?key=20160406020016141
http://www.wikitree.co.kr/main/news_view.php?id=220918
www.dt.co.kr

# 찾아보기

## 저/자/소/개

### ■ 금진호

한남대학교 대학원 교육학석사
전) 미래에셋 경영고문
현) 한국연금개발원 수석 연구위원
목원대학교 창의교양학부 겸임교수
대전과학기술대학교 세무회계학과 겸임교수
한국표준협회 NCS 전문위원

### ■ 김만석

한국과학기술원(KAIST) 경영학석사
미국 U.C. IRVINE 대학 금융공학 전공
전) KB국민은행 지점장
월드콥터코리아(주) 재무이사
현) 한국영상대학교 겸임교수

### ■ 김명희

부경대학교 일반대학원 메스커뮤니케이션 전공 석사
부경대학교 일반대학원 교육학, HRD 전공 박사
현) 대동대학교 겸임교수
한국통합교육인재개발원 대표

첫출발의 노하우!

# 창업과 경영실무

1판 1쇄 인쇄 ─ 2024년 1월 10일
1판 1쇄 발행 ─ 2024년 1월 15일

저　　자 - 금진호 · 김만석 · 김명희
발 행 인 - 강철원
발 행 처 - 양성원
주　　소 - 경기도 파주시 검산로 173번길 29-12
전　　화 - 031-946-3861(代)
팩　　스 - 031-946-3864
이 메 일 - tnwpub@naver.com
홈페이지 - tnwpub.co.kr
출판등록 - 2015년 8월 31일 제 2015-000211 호

ISBN 979-11-6126-508-7

정가 19,000원